杨瑞东　著

易经思维与科学决策

清华大学出版社
北京

内 容 简 介

易经是我国传统文化的经典,易经的哲学原理、社会伦理、天文地理、象数理论等对人们科学决策具有指导作用。本书内容包括:易经简介;学习易经的意义;易经思维概论;易经与四书以及《道德经》《孙子兵法》的关系;如何看待易经的卜筮与鬼神迷信问题;易经思维下的科学决策方法阐述;易道决策模式;典型卦解析等。本书是作者多年进行德育教育与国学文化方面的研究、授课的系统总结。

图书在版编目(CIP)数据

易经思维与科学决策/杨瑞东著.—北京:清华大学出版社,2018(2020.12重印)
ISBN 978-7-302-50377-4

Ⅰ.①易… Ⅱ.①杨… Ⅲ.①《周易》-应用-科学决策-研究 Ⅳ.①C934

中国版本图书馆 CIP 数据核字(2018)第 122983 号

责任编辑: 杨爱臣
封面设计: 常雪影
责任校对: 王荣静
责任印制: 杨 艳

出版发行: 清华大学出版社
  网 址: http://www.tup.com.cn,http://www.wqbook.com
  地 址: 北京清华大学学研大厦 A 座邮 **编:** 100084
  社 总 机: 010-62770175 **邮 购:** 010-62786544
  投稿与读者服务: 010-62776969,c-service@tup.tsinghua.edu.cn
  质量反馈: 010-62772015,zhiliang@tup.tsinghua.edu.cn
印 装 者: 三河市铭诚印务有限公司
经 销: 全国新华书店
开 本: 170mm×240mm **印张:** 14.25 **插页:** 2 **字 数:** 209 千字
版 次: 2018 年 6 月第 1 版 **印 次:** 2020 年 12 月第 4 次印刷
定 价: 46.00 元

产品编号:080094-02

《易经》既是中华民族传统文化中自然哲学与人文实践的理论根源——"古者包牺氏之王天下也,仰则观象于天,俯则观法于地,观鸟兽之文与地之宜,近取诸身,远取诸物,于是始作八卦,以通神明之德,以类万物之情",也是中华民族圣人思想智慧的集体结晶——先有伏羲创造八卦,再有文王演《周易》、周公续爻辞,后来又有孔子述《十翼》……《易经》作为"大道之源"和群经之首,历来是古代帝王、哲学家、政治家、军事家及商家的必修之术。

历经数代人的艰难探索和辛苦努力,中华民族又一次站在了伟大复兴的历史时期,中华民族的传统文化也迎来大繁荣的历史时期。习近平总书记在党的十九大报告中提出:"中国特色社会主义文化,源自于中华民族五千多年文明历史所孕育的中华优秀传统文化,熔铸于党领导人民在革命、建设、改革中创造的革命文化和社会主义先进文化,植根于中国特色社会主义伟大实践。"他指出,繁荣传统文化要"坚守中华文化立场,立足当代中国现实,结合当今时代条件,发展面向现代化、面向世界、面向未来的,民族的科学的大众的社会主义文化"。

《易经》作为我国传统文化中最具魅力的经典之一,数千年来解读、注释《易经》之书可谓汗牛充栋,歌颂其重要性者有之,渲染其神秘性者有之,阐明其实用性者有之,开发其教育性者有之,不一而足。如今,现代科学技术飞速发展,人类已进入一个崭新的时代,作为群经之首的《易经》如何与科学结合以得到更大的普及和进一步的发展? 如何深入浅出地将"仁者见之谓之仁,知者见之谓之知,百姓日用而不知,故君子之道鲜矣"(《系辞传》)的《易经》之道传至百姓? 这是我们这代人在新时代要直面的课题。

　　老子云："道可道，非常道。名可名，非常名。"令人惊喜的是，我的同事杨瑞东老师在这方面开始了十分有价值的探索和努力，并将学习心得和实践感悟整理成书——《易经思维与科学决策》。本书共分为三篇：第一篇介绍了《易经》的发展历史和流派，解释了《易经》的结构、组成和要素，阐明了学习《易经》的意义和方法；第二篇系统阐述了易经的思维体系及其在国学的传承；第三篇结合实践详细讲解了《易经》思维下的科学决策方法，系统阐明了"汝则有大疑，谋及乃心，谋及卿士，谋及庶人，谋及卜筮"（《尚书》）的《易经》决策思想。这是一本很好的《易经》普及读物，介绍《易经》的发展流派和结构要素，如流水行云；阐述《易经》的思维体系和深刻哲理，又举重若轻。本书有缜密的理论依据，引古论今，自成一家之言，微言大义，通俗易懂。相信诸君阅读本书之后，定能敲开《易经》之门，有所启发，从而开启"大易无迷"的生活。

李　虹

清华大学心理系副主任

目　录

第一篇　《易经》简介

第二篇　易经思维概论

第三篇　易经思维下的科学决策方法

● 第一篇　《易经》简介

第一章　《易经》的发展历史及流派介绍

第一节　《易经》的发展历史

《易经》是一部凝聚中华民族历代先贤智慧的经典著作,是中华传统文化的起源和基础,也是道家、儒家、墨家、法家等诸子百家思想的重要根基。从《易经》诞生的那一刻起,"易"的思想就开始渗透到古代中国政治、文化、经济、社会等各个领域,在几千年的历史发展进程中,历经无数沧桑坎坷、褒贬兴衰,依然以其博大的哲学理论、精辟的社会思想、超前的科学思维、神通的象数推演体系而流传至今,被誉为"群经之首""经典中的经典"。

《易经》涉及哲学、政治、经济、科技、军事、艺术、管理、人文等众多学科领域。可以说,没有《易经》,就没有今天的中国文化。

一、伏羲画八卦

易经产生于我国远古时期的新石器时代,相传早在公元前 5000 年左右,中华民族的人文始祖之一、位居"三皇五帝"之首的伏羲(也称包牺氏、宓羲、牺皇、伏牺等,见图 1-1)通过观察天象变化规律、地理结构面貌以及世间万物特性,使用简单的符号排列组合发明创造了八卦,并逐渐以八卦为基础形成了易经,进而开创了中华文明。《易传·系辞传》云:"古者包牺氏之王天下也,仰则观象于天,俯则观法于地,观鸟兽之文与地之宜,近取诸身,远取诸物,于是始作八卦,以通神明之德,以类万物之情。"

伏羲画八卦就是传说中易经的起源。《易传·系辞传》说:"是故易有太极,是生两仪,两仪生四象,四象生八卦。"这段话可看作伏羲通过画

图 1-1　伏羲画八卦

（来源：《人民日报》海外版）

卦所描述的宇宙生成模式。

二、《连山》与《归藏》：易经的早期版本

据史料记载，早期的《易经》有三个版本，分别是《连山》《归藏》和《周易》，上古的易经通常被认为是《连山》《归藏》《周易》的合称，而现在所说的易经文化通常只是指《周易》。

据《周礼·春官宗伯·大卜》记载："（大卜）掌三《易》之法，一曰《连山》，二曰《归藏》，三曰《周易》。"文中的大卜也称太卜，太卜是周代的一种官阶名称，掌握着阴阳卜筮的方法，通过卜筮预测，帮助天子决策。那个年代无论国家祭祀、婚姻、丧事、征伐等，都必须参考太卜在太庙的占卜结果。而太卜就是依据《连山》《归藏》和《周易》来卜筮的。

历代易经研究学者多认为《连山》是夏朝时代的易经，《归藏》是殷商时代的易经，而周朝及以后的易经则称为《周易》。但也有学者认为《连山》为神农时代所作，《归藏》为黄帝时代所作，易经的发展历经伏羲、神农、黄帝、夏、商及周六个时期。这些说法目前均无法考证，但完整的《连山》《归藏》原文现今皆已失传，因此也有学者推测《归藏》《连山》就是早期版本的《周易》。

伏羲创造八卦，根本目的是治理国家，更具体地说是用于观测天象、掌握季节气候变化，制定历法，指导农业生产等用途。但也无可否认，易经最早也是用来卜筮（也称占卜或占筮）的，也就是预测。"卜筮"一词其实是古代占问吉凶（即预测）的两种方法的合称，卜是指用龟甲预测、筮是指用蓍草预测，《礼记·曲礼上》说："龟为卜、策为筮"，所以卜筮也称占卜或占筮。在远古蛮荒时代，社会生产力水平低下，科学研究还无从谈起，人们对大自然的认识尚处于蒙昧阶段，许多自然现象无法理解和解释，人们只有顺应自然，祈求上天或神的庇护才能生息繁衍。因此，占卜或占筮在那个时候是一种正常而普遍的行为，对古人的生活具有重要且直接的影响。伏羲之所以作八卦，卜筮也应该是其重要动机之一，之后的上古先贤们以伏羲八卦为基础，经过多年的实践和整理，先后形成了《连山》和《归藏》两部易经著作，一直沿用到商朝末期。商朝末期至周朝初期，《周易》开始出现。

三、文王演《周易》

易经是多个时代多位先人的智慧结晶。《汉书》说："易道深矣，人更三圣，世历三古。""三圣"一般被认为是伏羲、周文王、孔子三位先贤（也有人认为是周文王、周公、孔子，见图 1-4）。也就是说，易经是由伏羲、周文王和孔子三位古代圣人完成的，但历史文献已经证实易经不仅是由这三位圣贤，而是包括他们三人在内的古代众多先贤们集体创作的智慧结晶。

周文王是易经发展历程中的主要人物之一，姓姬名昌（公元前 1152 年—前 1056 年），为八百年周朝的奠基人，在商朝末代君主商纣王时期作为一方诸侯据守当时的西部，被封为西伯侯，因不满商纣王的暴行虐施被商纣王猜忌而拘禁于羑里（今河南省汤阴县）。在长达七年的牢狱生活中，周文王姬昌潜心研究八卦，用蓍草推演《周易》，将上古流传下来的八卦推演为六十四卦（见图 1-2），并为六十四卦补充完善了卦辞，形成了《周易》的主体架构。（也有文献认为六十四卦并非从周文王开始有的，在《连山》《归藏》时期就已出现了六十四卦的推演。）

关于"周易"名称的由来，史学界通常有两种解释：一种看法认为《周

图 1-2　八卦图

易》即是周朝的易经,因此简称《周易》;另一种看法认为"周易"的"周"是指周全、周而复始、循环往复、无所不有的意思。但不管是哪种解释,都公认《周易》始自周文王姬昌。

四、周公续爻辞

周公姓姬名旦,世人也称他为周公旦,是周文王姬昌的第四子,周武王姬发的弟弟。周公是周代建国初期最著名的政治家、军事家、思想家和教育家,对周代八百年的发展有着极其重要的影响,被后世尊称为"儒学先驱",也是大思想家、教育家孔子一生最崇敬的圣贤之一。三国时期的魏王曹操在他著名的《短歌行》中有句"周公吐哺,天下归心",其中的周公就是周公旦,现代人常说的"周公解梦"也是指这位周公(见图 1-3)。

周公一生在政治、经济、文化、军事等诸多领域贡献卓著,西汉著名政论家和文学家贾谊评价周公:"孔子之前,黄帝之后,于中国有大关系者,周公一人而已。"周公在其他方面的成就可参考相关书籍,这里只介绍他在《周易》方面的贡献。《周易正义》说:"伏羲制卦,文王卦辞,周公爻辞,孔十翼也。"周文王将八卦推演为六十四卦,形成了《周易》的主体框架,相传当时的《周易》仅有六十四卦的符号以及针对六十四卦所作的文字解释(即卦辞),而对组成卦的爻并无具体文字解释(关于卦、爻参见后文详述)。文王去世后,得到文王真传的周公与一些学者一起努力研究,为六

图 1-3　周公姬旦

（来源：百度百科）

十四卦的每个爻加上文字说明，也即爻辞，进一步完善了《周易》。爻辞在某种程度上可以理解为周代统治者传授治理国家的成功经验，其中很多内容都反映了商亡周兴的历史，只不过是利用卜筮作为载体。爻辞的吉凶判断主要是通过卦象、爻在卦中所处的位置以及爻与爻之间的关系等推理得出的。

在周公时代，《周易》正式成书，到周朝的后期陆续出现解读《周易》的相关文献，为后来孔子整理编述《十翼》奠定了基础。

五、孔子述《十翼》

《易经》，一部最初曾以卜筮为主要用途之一的书如何成为"群经之首""经典中的经典""大道之源"？这主要归功于大名鼎鼎的孔子。

孔子（公元前 551 年—前 479 年），名丘，字仲尼，也称孔夫子，山东省曲阜人，中国历史上最著名的大思想家、大教育家、大哲学家，儒家学派的创始人，华夏文化之集大成者；相传有弟子三千人，其中贤者七十二人。孔子被后世尊为孔圣人、至圣先师、大成至圣文宣王先师、万世师表等，被列为"世界十大文化名人"之首。

周代按时间先后分为西周和东周两个时期。在东周的春秋时代以前，《周易》一书据说是由周天子的卜筮之官专门保管，并不外传，一般人是无法接触到的。如《左传·昭公二年》记载："晋侯使韩宣子来聘……

观书于大史氏，见《易象》与《鲁春秋》，曰：'周礼尽在鲁矣！'"可见，大概是因为鲁国是周公后代的封国，在周代地位较高，才有资格保存《周易》，连晋国这样的大国当时都没有资格保存《周易》。因此，那个时候对《周易》的研究几乎没有什么进展，至少在史料上鲜有记载，只是记载了一些官员用《周易》卜筮的事例。一直至春秋之后的战国年代，《周易》才开始流入民间，传播范围逐渐扩大，并且已经出现一些解释《周易》的著作。

孔子当年在鲁国为官，因此有机会接触到《周易》，孔子一向尊崇周礼，对《周易》也应该有较深的研究。到了晚年，他对《周易》产生了更加浓厚的兴趣，史书记载他研读《周易》的痴迷程度，用"韦编三绝"来形容（那个年代的书是用竹简制成的，看书时把连接《周易》竹简的牛皮绳子都弄断了三次，可见孔子读《周易》的时间非常长）。《论语·述而》曾引述孔子的话："加我数年，五十以学《易》，可以无大过矣！"

孔子在前人研究《周易》的基础上，对《周易》作了深入的研究和阐述，重点是从哲学、社会伦理的角度。最终孔子和他的弟子以及后人完成了被后世称之为《易传》的著作，包括《彖传》（上、下）、《象传》（上、下）、《系辞传》（上、下）、《文言传》《说卦传》《序卦传》《杂卦传》十篇解释《周易》古经的文章，这十篇文章也被统称为《十翼》。

今天大家看到的《周易》包括两部分：《易经》和《易传》。《易经》指《周易》古经原文，即为经过伏羲、周文王、周公创作的六十四卦的卦名、卦画、卦辞、爻辞，全文不到五千字；而《易传》就是孔子及门人编写的《十翼》，翼就是翅膀的意思，即辅助理解经的含义，主要内容是解释前一部分《易经》的卦辞和爻辞并重点阐述易经中的哲理。"经"与"传"的结合，使《周易》这部古书真正成为中华文化的经典巨著。所以，"易经"这个词有广义和狭义两种含义，广义上的"易经"说的是《易经》的整个体系，包括《周易》的《易经》和《易传》，甚至也包括已经失传的《连山》《归藏》。狭义上的"易经"就是《周易》的《易经》部分，仅包括《周易》的卦名、卦画、卦辞、爻辞。在本书中，为便于区分概念，凡指狭义的"易经"均加书名号（《易经》），凡指广义的"易经"则不加书名号。

图 1-4　三圣图(伏羲、周文王、孔子)

(来源：搜狐网)

六、汉代易学的发扬光大

历史车轮驶过了春秋战国时期,公元前 221 年秦始皇嬴政剪灭六国,统一天下,结束了诸侯割据的时代,建立起中国历史上首个大一统的中央集权郡县制国家。秦朝建立后,由于担心自春秋战国以来形成的以诸子百家为代表的"百花齐放、百家争鸣"思想文化对国家体制和政治的影响,秦始皇采纳丞相李斯的建议,下令焚烧除《秦记》以外的其余六国史书及诸子百家之作,禁止私学,致使中国古代文化典籍经历了一场浩劫。在开始焚书的第二年,秦始皇又下令坑杀数百名术士。这就是历史上著名的"焚书坑儒"事件。不过,当时焚书的范围明确规定不包括"医药卜筮种树之书",《周易》因被丞相李斯定性为卜筮之书而未被焚毁,才得以流传后世。汉代史学家班固在《汉书·儒林传》记载:"《易》为卜筮之书,独不禁。"

公元前 202 年,刘邦打败了项羽,建立了大汉王朝,取代了短暂的秦王朝,汉朝也分为西汉和东汉两个历史阶段,《周易》的应用与研究在这两个历史阶段取得了突飞猛进的发展。

尽管春秋时代孔子为《易经》作《十翼》之后,《周易》的学术地位得到提高,但《周易》仍然不是当时的主流书籍,当时读书人要学的是《诗》《书》《礼》《乐》,而《周易》不在其列。一直到了西汉的汉武帝时期,雄才大略的汉武帝采纳董仲舒的建议,废黜百家,独尊儒术。孔子作为儒家鼻祖,在当时的学术界具有至高无上的圣人地位。他既然为《周易》做过传注,那

9

么《周易》自然而然地获得了崇高的学术地位。《周易》到此时方才跃居于《诗》《书》《礼》《乐》《春秋》之上，成为"六经之首"。

经过战乱纷争的战国与秦两个年代，《周易》虽然没有被焚毁，但它的发展与传播在乱世中受到很大影响。到了西汉初期，收藏有完整《周易》的人，据记载仅有田何一家。《史记·儒林列传》记载到：孔子将《易经》传给鲁国人商瞿后，商瞿将《易经》又传下去，经过六代传到了齐国人田何手中，田何在汉朝之初将《易经》传给王同，王同又传给杨何。随后，汉武帝在位期间有多人继承杨何的易学衣钵，这些人因为精通《易经》而得以入朝为官。《汉书》有云："要言《易》者，本之田何。"也就是说汉代流传的《周易》都源自于田何，田何是战国齐王族田氏后裔，西汉今文易学的开创者、经学家。田何研究的易学，往上可追溯至孔子，往下可延传及京房、虞翻，传授脉络明确清晰可以考证。田何一生专门研究《周易》，主要从事讲易授徒。西汉官方研究《周易》的各家大都出于他的传授。

西汉的《周易》经田何流传下来，逐渐形成几大分支体系，其中影响较大的有官方认可的孟喜的"孟氏易学体系"，焦延寿的"焦氏易学体系"以及流传于民间的费直的"费氏易学体系"。后来，在"孟氏易学体系"中又衍生了著名的"京氏易学体系"，京氏易学体系的创始人是京房，他师从焦延寿，但"青出于蓝而胜于蓝"，京房首创了《周易》的纳甲预测法，开辟了《周易》预测的新篇章。

可惜上述易学的研究成果大都亡佚，只有部分章节流传在后来的唐、宋时期的文章中。今天我们所能见到的关于《周易》经文与传文注释最早的资料都是源自西汉的，而孟喜的"孟氏易学体系"被公认为是古易学的正宗，因此一直流传至唐代，京房的"京氏易学体系"则在卜筮领域影响深远。

到了东汉，相对比较系统完整的易学是费直的"费氏易学体系"。"费氏易学"经历了由马融作传，后由大易学家郑玄作注，大易学家荀爽再作传的过程，地位得到极大提升。东汉时期的易学大家除了郑玄与荀爽外，还有师承于西汉孟喜的虞翻。东汉时期易学的发展虽然不如西汉，但是今天所能看到的较为系统的汉易主要就是东汉的郑玄和荀爽师承于费直、虞翻师承于孟喜的两种《周易》。

汉代的主要易学著作有郑玄注的《易纬》系列、京房的《京氏易传》、孟喜的《周易章句》、焦赣的《焦氏易林》、虞翻的《周易注》、荀爽的《周易注》、魏伯阳的《周易参同契》等，其影响都很大。然而到了东汉末年，由于象数派的研究分支越来越多，体系越来越纷繁复杂，故弄玄虚，逐渐呈现失控泛滥之态，几近崩溃。正是在这种形势之下，东汉末期三国时期"费氏易学体系"的大家王弼横空出世，他强调应重视《易经》的易理，主张"得意忘象"，所谓的"意"即是义理、意理，所谓的"象"即是具体事物的类象。他的《周易注》一反之前汉人的烦琐细碎的文风，以简洁易懂的语言为《周易》作注，给易学研究注入了一股全新的力量。王弼最重要的贡献是开辟了研究易学的新方向，以易理研究作为主要目的，将象数研究作为辅助手段。王弼因此成为易经学派易理派的开山鼻祖。

另外，汉代易学还演化出"古文易"和"今文易"两大类别。

汉代是《周易》作为一门学术学科发展的初期阶段，易学这个新名词也应运而生，《周易》研究也自此开始分化，形成了"象数"与"义理"两大派别。象数派就是从数和象来解说《周易》，现在占卦算命的流派就是从象数派中产生的；义理派主要是哲理上阐述《周易》的卦爻象辞，从哲学和伦理思想层面来研究《周易》（这方面的内容将在后文详述）。

汉代《周易》主要以象数派为主，代表人物是孟喜、京房、焦延寿，基本上是象数派一统天下。直到汉代末期以王弼为代表的易学家们开始由重象数转向重义理，扫象归理，"忘象以求易"，成为后来魏晋时代易学派的主流，象数派体系之下的算命之流自此基本落入民间。

到了南北朝时期，易学有南学、北学之分，南学以王弼的易学为主，北学以郑玄的易学为主。至隋朝后，南学逐渐取代了北学。

七、隋代的创举：《周易》纳入科举考试

隋代是中国历史发展中一个非常重要的朝代，虽然持续时间仅有三十年左右，却具有承前启后、继往开来的历史意义，隋代的开国皇帝隋文帝杨坚更是被西方学者认为是中国历史上最伟大的皇帝之一。隋代开创建立的许多制度法规为以后历朝历代所沿用，著名的科举制就是其中一项。科举制从隋大业元年（公元605年）实施，一直到清光绪三十一年（公

元 1905 年),历经一千三百多年,是中国古代选拔官吏的主要制度,也是世界上延续时间最长的选拔人才制度。《周易》从科举制开始实行就被纳入其考试科目,而且是位列六经科目之首,仅此一点就足以令古时候历代学子用心研读《周易》了。可惜时至今日,已经没有多少人能读懂《周易》,不能不说是中国传统文化传承的一个巨大遗憾。

到了唐代,天下安定,社会发展,百姓安居乐业,文化事业也取得较大发展。唐太宗命孔颖达撰写《周易正义》,此书以王弼的注本为主要参考,是一部对唐宋儒生影响深远的著作,对于研究魏晋时期的易学具有极高的学术价值,当时的读书人求取功名都以此书为《周易》的标准读本。但纵观唐代,由于佛教在中国的异军突起,当时的易学发展受到较大影响,几乎处于停滞阶段,一直到宋代才有改观。

八、宋代《周易》的复兴

宋代,是中华文明发展的又一个高峰期,《周易》研究也迎来了汉代之后的又一个繁荣时期。

首先是被称为"天下第一图"的《河图》《洛书》的出现(见第 52 页图 4-7)。相传伏羲氏时,有龙马从黄河出现,背负《河图》;而后大禹时代,又有神龟从洛水出现,背负《洛书》,这个传说显然附着了神话色彩。伏羲及后人根据《河图》《洛书》的启示画成八卦、创作《易经》。虽然孔子在《系辞传》中有"河出图,洛出书,圣人则之"一说,但遗憾的是今天我们能读到的宋代以前各种《周易》书籍对《河图》《洛书》均无具体的描述和记载,只有孔子等少数人提到过《河图》《洛书》,孔子在《论语》中曾感叹:"凤鸟不至,河不出图,吾已矣夫!"而现代文献可以查阅到的《河图》《洛书》的"真容"是从宋代开始的。宋代初期的华山道家陈抟著有《河图》《洛书》《先天图》等并流传至今,但无从考证陈抟是受教于何人。至于《河图》《洛书》究竟是先秦或更早年代就存在、还是宋人首创之图,目前尚是一桩历史悬案,有待后人去考证。但无可否认的是:《河图》《洛书》的问世,对《周易》研究尤其是宋代易学有至关重要的深远影响。

宋代初期还产生了一部八字命理学的宗祖之作《渊海子平》。这部八字算命术必习的经典名著,相传是由隐士徐子平所作。徐子平对唐代李虚中的算命术进行了发展与完善,使四柱八字命理学在发展史上完成一次飞跃。至今,八字推命仍然以子平法为正宗,因此八字命学又称"子平八字学"。

陈抟之后,继之以著名的"北宋五子"将易学研究引向高潮。"北宋五子"(图1-5)即周敦颐、程颢、程颐、邵雍、张载,他们既是著名的思想家、哲学家,又是著名的易学家,他们的著作《伊川易传》《横渠易说》《太极图说》《皇极经世》等对后世产生了深远的影响。值得一提的是邵雍创立了名为"梅花易数"的预测体系,开辟了象数派中的数学派(北宋五子中邵雍属于象数派,其他四位均属于义理派),梅花易数直到现代仍受到众多易学人士的喜爱和使用。

图1-5　北宋五子周敦颐、程颢、程颐、邵雍、张载

(来源:百度百科)

宋代涌现了许多著名的学者研究《周易》,但对易学研究贡献最大的当属后来的朱熹。朱熹(公元1130—1200年)字元晦,又字仲晦,世称朱文公、朱子。祖籍江西省婺源,宋朝著名的理学家、思想家、哲学家、教育家,儒学之集大成者。迄今为止朱熹是唯一非孔子亲传弟子而配享孔庙之人,位列大成殿十二哲者之尊。朱熹是北宋五子中程颢、程颐的三传弟子李侗的学生,与二程合称"程朱学派";他的理学思想对元、明、清三朝影

响很大,是中国教育史上继孔子之后的又一位伟大的教育家;朱熹建立了一个庞大的易经哲学体系,最主要的易学代表作为《周易本义》,成为后世科举考试的标准读本。

宋代易学的发展以义理派为主,兼有象数派。

九、清代《周易》的百家争鸣

宋代之后的元、明两个朝代,对于易学的研究基本是局限于宋代易学的大框架内,皮锡瑞在《经学历史》言及"经学至明为极衰时代",不过仍有政治家刘伯温著的六爻预测典籍《黄金策》等著作较有影响。

17世纪清兵自东北入关取代明朝,号称"千古一帝"的康熙平三藩、收台湾、拓新疆,励精图治,奋发有为,重新建立起辽阔版图的大一统王朝,《周易》也随之焕发了生机。清代的易学著作十分丰富,超过了以往任何一个朝代。在明清交替之际曾出现一段思想比较自由、活跃的时期,当时有不少的学者在研究汉《易》、宋《易》,在此趋势下,康熙皇帝命"素学有本,义理精详"的李光地以"兼收并采,不病异同"的原则编修《周易折中》。这本书上起汉、晋,下至元、明,辑录了二百余位名家成果的易学巨著,对清代易学产生了极大影响。之后,《周易述义》《虞氏易理》《周易校勘记》《四库全书》等纷纷问世。纵观清代二百多年历史,易学家们丰富的著作对易经的发掘和整理做出了极大的贡献。如果说中国的易学研究以汉、宋两代为主,那么清代学者则是以求真务实的态度成为我国汉、宋及诸家易学的总结者。

笔者认为,对于现代《周易》发展研究的评价,现在下结论还为时尚早,应由后人来评说。

诚然,易经是几千年以前先贤们的智慧结晶,对中国传统文化的发展起着不可估量的作用。但是,人类社会是不断进化和发展的。数千年之后的今天,日新月异,科技发达,人类社会已不可与上古时代同日而语,所以数千年以前的易经不可能是万能的,易经的局限和不足也是在所难免、客观存在的,并非字字都是真理。因此,我们不必盲目地认为只有易经是完美无缺的而排斥西方的哲学思想,不必牵强地探究先贤们撰写易经的原汁原味而陷入迷局,不必故步自封地以为易经是文化最高顶峰而不去发展、完善它。只有用辩证的思维、发展的观点认识研究易经,易经才能有永恒的生命力。

第二节 易经的流派介绍

上一节在介绍易经的发展历程时,提到了易经的流派。从汉代起,易经研究就产生了分支,主要分为以象和数研究为主的象数派和以哲理研究为主的义理派两个大类。学术界一般把以抽象、概括的意义解释《周易》的流派称为义理派;以具体物象解释《周易》的流派称为象数派。两大类学派随着时代发展又分支出许多大小不同的流派。历代学者对易经流派的分类不尽相同,其中清代《四库全书总目》中的分类得到广泛的认同,它将易经的流派归纳为两派六宗(见图1-6)。两派即象数派和义理派,六宗是指占卜、机祥、图书、老庄、儒理、史事。易经的六宗之中,占卜、机祥、图书三宗属于象数派,以研究卜筮象数为主;老庄、儒理、史事三宗属于义理派,以研究义理为主。不过从文献资料来看,"两派"说法得到绝大多数人的认可和采用,而"六宗"说法则为相对较少人引用。

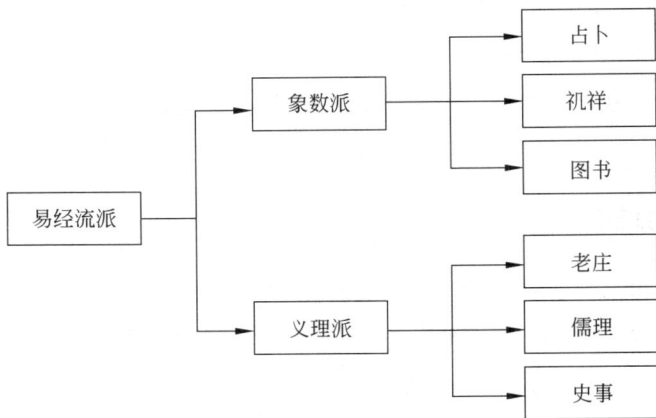

```
                           ┌──────────→ 占卜
              ┌─ 象数派 ──┼──────────→ 机祥
              │            └──────────→ 图书
  易经流派 ──┤
              │            ┌──────────→ 老庄
              └─ 义理派 ──┼──────────→ 儒理
                           └──────────→ 史事
```

图 1-6　易经的流派

1. 占卜宗:顾名思义就是以占卜为主要手段的一种流派,可追溯至周代的太卜占卜。

2. 机祥宗:机祥即预测吉凶的意思,也写作机祥。该派通过创新易经理论得出自成体系的预测方法,以焦延寿、京房为代表。

3. 图书宗:以《河图》《洛书》为基本依据来探索《易经》奥秘的一个流派,代表人物是陈抟、邵雍。

4. 老庄宗:以研究《易经》哲理为主,采用老子、庄子道家思维的一个学派,主张"得意忘象",以王弼为代表。

5. 儒理宗:以儒家理论为指导,将《易经》与理学结合的一个流派,以程颐为代表。

6. 史事宗:以研究《易经》中阐述的历史内容为主,以李光地、杨万里为代表。

一、象数派

象数派是根据《易经》中卦所象征的多种物象和数学来解读《易经》的卦辞和爻辞,侧重对卦象、卦变的研究。所谓象数其实是"象"和"数"的统称,象即形状、形象,数即数字、数学。如八卦中的"乾"代表天,即取**象**为天,也代表一,即取**数**为一(先天数);八卦中的"坤"代表地,即取**象**为地,也代表八,即取**数**为八(先天数)。象数派注重将易经用于占卜活动,后世出现的各种易经预测方法(如爻辞法、梅花易数、纳甲筮法等)都是从象数派中衍生出来的。象数派在先秦时即已出现,到两汉时达到极盛,有的分支流派甚至"走火入魔"。象数派主要代表人物是汉代的京房、宋代的邵雍等。

二、义理派

义理派是以《易经》中卦的含义或哲理来解释卦辞和爻辞,侧重阐释其中蕴含的哲理和意义,所谓"义"即意义,"理"即道理或哲理,义和理不同于象和数,无形无象。周经易中的阴阳变化、五行生克的辩证关系、卦爻辞中暗含的道理等形成了易学博大精深的义理体系。"一阴一阳之谓道",是易经最基本的哲理;又如,义理派如此阐述乾卦和坤卦:"乾"代表健或刚、"坤"代表顺或柔("天行健,君子以自强不息;地势坤,君子以厚德载物")。孔子是易经义理派的奠基人,义理派的代表人物是魏晋的王弼和宋代的程颐等。

总的说来,象数派保留了上古《易经》的真实内容,但未能探索《易经》深层次的意义,也陷入完全以象数找依据的误区;义理派精微地阐明了易理,但完全抛弃象数是其不足。离开象数,《周易》就成为无源之水,变成没有说服力的理论;而离开义理,《周易》就会变成江湖之术,成为无足轻重的学派。正如南宋朱熹认为"先见象数,方说得理,不然事无实证,则虚理易差,然义理象数一以贯之,乃为尽善"。虽然在历史发展中象数派和义理派分分合合,但到宋代时两派已出现统一合流、相辅相成的趋势,只是元明两代易学形势衰微,清代学者偏重编辑整理,致使时至今日也未能实现两大派别的真正统一。笔者认为,两派融合才是易经发展之道,义理和象数可以看作同一事物的两个方面。两者之间你中有我、我中有你,所谓"言象数者未废义理,言义理者未废象数"。佛教禅宗有一个比喻:"以手指月,得月忘指。"手指的作用只是确定月的方位,看月才是真正目的,学习易经的象数和义理也应该是同一个道理。因此,对待易经的两个流派应该采取"以象得理,得理忘象"的态度。

当代易学界涌现了一批颇有造诣的学者,其中象数派较有名气的代表人物有命理和易学专家邵伟华,他的代表作是《周易预测学》;香港子平命理和风水专家李居明;代表作为《四柱玄机》的预测学家李顺祥以及综合运用易经哲理与卦爻辞法预测的台湾地区学者傅佩荣等。当代易学义理派主要代表有著名国学大师南怀瑾,他的代表作是《易经杂说》;山东大学教授刘大钧,著有《周易概论》;美籍华人学者成中英,代表作是《易学本体论》;台湾地区学者曾仕强,著有《易经的奥秘》等。

第二章 《周易》的结构、组成和要素

　　本章我们开始介绍《周易》(《易经》和《易传》)的结构和组成部分。本书并没有像其他大多数《周易》书籍那样在正文部分完整列出《易经》和《易传》的原文及注释内容,而仅仅是在附录部分列出原文。为什么这么编排? 在第三章会解释原因。

　　《周易》是讲什么的? 今天的人们一提起《周易》,立刻就有种莫名的神秘感,大多数人会认为它是一本算命的书。我们前面也介绍过,《周易》确实可用于占卜预测,但这只是博大精深的周易之功能中的一部分而已。从根本上说,《周易》是一部立道传教的书。大量史料证明:中国历代学者从战国到两汉、从魏晋到两宋、从两宋到明清,他们中的许多人精通《周易》,但多数不用于算卦,正如荀子所说的"善《易》者不占"。因此,纠正现代人对《周易》的偏见是《周易》能够继续完善发展的重要前提之一。

　　《周易》的结构:《易经》+《易传》;

　　《易经》的基本组成元素:爻、卦;

　　《易经》的四大要点:象、数、理、占。

　　下面,对以上内容作介绍。

第一节 经 和 传

　　现代人们读到的《周易》一般都包括经和传两部分,也称《易经》和《易传》。《易经》部分是指《周易》古经的六十四卦,包括卦画(象)、卦名、卦辞和爻辞;《易传》部分是对《易经》部分的解释阐述文章,共有十篇,因此也称为《十翼》,即《系辞传》(上、下)、《彖传》(上、下)、《象传》(上、下)、《序卦传》《说卦传》《文言传》《杂卦传》。

图 2-1 是《周易》中《易经》部分的标准格式,六十四卦中的每个卦都是以这种格式描述的。所谓"经"是上古伏羲、周文王和周公传下来的图形和文字,也是《周易》最晦涩难懂的部分。以乾卦为例,包括卦画(象)"☰",卦名"乾",卦辞"元,亨,利,贞",以及六个爻的爻辞:"初九:潜龙,勿用;九二:见龙在田,利见大人;九三:君子终日乾乾,夕惕若,厉无咎;九四:或跃在渊,无咎;九五:飞龙在天,利见大人;上九:亢龙有悔;用九:见群龙无首,吉。"

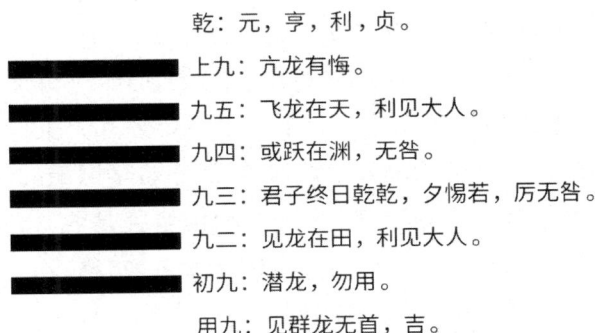

乾:元,亨,利,贞。

上九:亢龙有悔。

九五:飞龙在天,利见大人。

九四:或跃在渊,无咎。

九三:君子终日乾乾,夕惕若,厉无咎。

九二:见龙在田,利见大人。

初九:潜龙,勿用。

用九:见群龙无首,吉。

图 2-1 《周易》中《易经》部分的标准格式

《周易》是孔子等人从儒家的范畴解释《易经》,把《易经》从原来杂乱无章、缺乏逻辑的占卜之书上升到理论化和系统化哲理的层面,用儒家的价值观对《易经》做了形而上的总结,方真正使《易经》流芳百世。没有《易传》,恐怕汉代以后的人们都无法准确读懂晦涩生僻的《易经》原文。

前文提过,孔子及门人为《易经》作传,共有十篇文章,称为《十翼》(参见图 2-2),分别介绍如下:

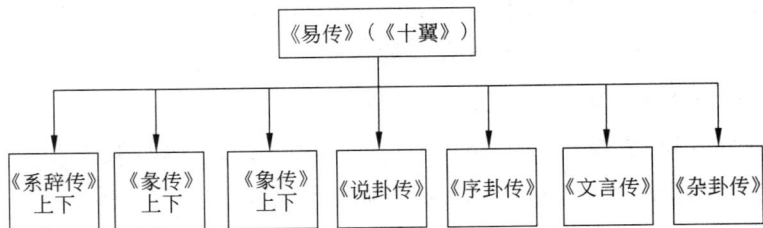

```
                    《易传》(《十翼》)
   ┌────────┬────────┬────────┼────────┬────────┬────────┐
《系辞传》 《彖传》 《象传》 《说卦传》《序卦传》《文言传》《杂卦传》
  上下     上下     上下
```

图 2-2 《易传》(《十翼》)

《系辞传》是《易传》中最重要的文章之一,分上、下两篇,是《易经》的通论,是纲领性文件,它对《易经》的基本原理进行了创造性的阐述和发挥,从第一句话"天尊地卑,乾坤定矣"开始探索《易经》的起源到解释经文的原意,再到抒发其中蕴含的哲理,最后以"诬善之人其辞游,失其守者其辞屈"收尾。其中还提到了可能是古代最早的起卦方法:揲蓍布卦法。

《象传》是解释六十四卦的卦名和卦辞的文章,分上、下两篇。相传象是一种牙齿锋利的兽,因此引申为"断""判断"的意思,《象传》是从整体性角度来判断一卦的吉凶。《象传》只论述卦辞而没有论述爻辞。

《象传》分大象辞和小象辞两部分,大象辞用以解释《易经》的卦辞,六十四卦共有六十四条大象辞;小象解释爻辞,每卦六爻(再加乾坤两卦的用九和用六)六十四卦则共有三百八十六条小象辞。大象辞主要从卦象和卦辞上来阐述卦的社会伦理和道德修养,属于哲学层面的阐述;小象辞则是从爻的角度解释爻象和爻辞。由于《象传》解释卦名、卦意的都以卦象为根据,解释爻辞也多以爻象为根据,因此命名为"象"。

《说卦传》主要是说明八卦类象,即记述解说乾、坤、艮、兑、坎、离、震、巽八经卦所象征的各类事物,以及阐述六十四卦卦序排列原理和各卦的属性意义,用以辅助占断吉凶的,故取名为"说卦",《说卦传》在卜筮方面的应用极为广泛。

《序卦传》顾名思义,就是专门解释《易经》六十四卦的排列顺序,它通过卦名的含义遵循自然事物产生、发展、终结又周而复始的规律推导《易经》六十四卦如此排序的理论依据。解释为何把乾、坤两卦排列在上经之首而坎、离两卦排于上经之末,把咸、恒两卦排列于下经之首而既济、未济两卦排于下经之末。

《文言传》是专门对六十四卦中最重要的乾、坤两卦的解说文章,乾坤二卦在《易经》六十四卦当中具有重要的地位,是理解《周易》的关键。其中,解释乾卦的称《乾文言》,解释坤卦的称《坤文言》。

《杂卦传》是解释六十四卦卦名的含义及特点的文章,但没有按照《序卦传》中所解释的六十四卦排列顺序,而基本是将意义相反或相关的两卦放在一起比较并进行非常简洁的阐述,因此称为"杂卦"。

《十翼》原来是单独成册的,汉代以后才被附在《周易》古经之后,形成现在通行的版本,其中大部分版本把《彖传》(上、下)和《象传》(上、下)的内容放在对应各卦的经文介绍中,把《文言传》附在乾坤两卦的介绍中,而把其他《十翼》的文章(系辞传、说卦传、序卦传、杂卦传)单独附在《周易》的结尾部分。

第二节　卦　和　爻

一、什么是爻?

《易经》的最基本元素是爻。《系辞传》云:"爻者,效天下之动也。"意即爻是仿效天下万物的变化,是变化的表现形式。爻看似简单,实际上却是《易经》中最深奥、最难以理解的内容之一。

《易经》的爻只有两种形式,分别用符号表示为"—"(一根长横线)和"- -"(两根短横线)。"—"称作阳爻,"- -"称作阴爻。阳爻代表阳,阴爻代表阴,所谓"一阴一阳之谓道",是指阴阳组成了世间万物的自然之道。虽然爻只是一根长横线或两根短横线,简单至极的符号,但三个爻组合起来就是一个经卦、六个爻组合起来就是一个大成卦(关于经卦与大成卦的解释参见后文),依据爻所组成的卦以及爻在卦中所处的位置不同有着不同的表象和意义,在《周易》中解释爻的文字称为爻辞。

二、什么是爻位? 什么叫当位与中正?

《易经》中的爻可以有六个位置(六个爻组成一大成卦,一个大成卦由两个经卦组成,后文详述),爻所在的位置称为爻位。从下到上分别称初爻(也称一爻)、二爻、三爻、四爻、五爻、六爻(也称上爻)。其中,初、三、五因其是奇数位而称为阳位,二、四、六因其是偶数位而称为阴位,也即奇为阳、偶为阴。由于古人认为九是极阳之数,六是极阴之数,所以阳爻的"阳"也用九表示,阴爻的"阴"也用六表示:如初爻如果是阳爻则称初九,五爻如果是阳爻则称九五,成语"九五之尊"即出于此;如二爻为阴爻则称六二,六爻为阴爻则称上六,以此类推。六爻之中,五爻为君爻,最为尊贵;二爻为臣爻,与五爻相对应。

由于第二爻和第五爻各处于卦的上下两部分的中心位置,因此当爻在第二、第五这两个爻位时就称为"中"。

爻位有阴阳之分(一、三、五为阳位,二、四、六为阴位),爻也有阴阳之分(阳爻为一长横线,阴爻为两短横线),因此爻和爻位存在着四种阴阳组合:阳爻居阳位、阳爻居阴位、阴爻居阳位、阴爻居阴位。如果阳爻居阳位、阴爻居阴位,这就称为"当位"(也称"得位""正位");如果阳爻居阴位、阴爻居阳位,这称为"不当位"(也称"失位""不得位")。这些爻位的组合情况寓意着人的自我定位原则,如"当位"或"正位"则表示人在其位应谋其事、"不当位"或"不得位"则表示人不在其位而谋其事。

如果阳爻居于第五爻或阴爻居于第二爻,因为第五爻和第二爻都是中位,则称为此阳爻或阴爻为"中正",表示即正位又居中的意思。

爻在每个位置都具有不同的含义,一般如下:

初爻象征着事物发展的潜伏、萌芽阶段。

二爻象征着事物发展的初期、前期阶段。

三爻象征着事物发展初露锋芒、小试牛刀的阶段。

四爻象征着事物发展的快速推进、即将登顶阶段。

五爻象征着事物发展的鼎盛、最高阶段。

六爻象征着事物发展的盛极而衰、走向没落阶段。

三、爻与爻之间的位置关系:承、乘、比、应

《周易》非常注重爻与爻之间的位置关系,这种关系也是《周易》分析事物规律的重要依据之一。一个卦中的爻与爻之间一般存在四种关系:比、承、乘、应。

比:凡是相邻的两个爻都称为"比"的关系,意即比邻的意思。例如初爻和二爻、二爻和三爻。

承:相邻的两个爻中,在下方的相对于在上方的爻称为"承",有承继、承接的意思。

乘:相邻的两个爻中,在上方的相对于在下方的爻称为"乘",有驾乘的意思。

应:每个卦由六个爻组成,六个爻可以分为上三爻和下三爻(下节详

述）。下三爻从下至上依次称为初爻、二爻、三爻，上三爻从下至上依次称为四爻、五爻、六爻。如果将六爻分上三爻、下三爻两部分来看，初爻对应四爻、二爻对应五爻、三爻对应六爻。这种关系即称为"应"。

我们以震卦为例，说明以上几种关系，见图 2-3。

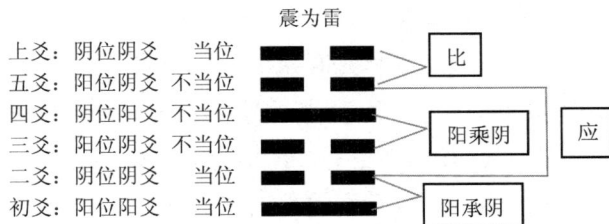

图 2-3　爻位、爻与爻的关系示意图

一般来讲，用爻分析事物时，爻自身特性（爻位、当位、中正等）的重要性大于爻与爻之间的关系（承、乘、比、应）的重要性。

四、八卦

爻是组成卦的基本单位，卦则是象征自然现象和世间万物变化的一组符号。卦有八卦和六十四卦两类，伏羲用三个爻创八卦。周文王用六个爻将八卦推演为六十四卦，八卦是六十四卦的基础。

用三个相同或不同的爻（阳爻或阴爻）从下到上纵向排列，就组成《易经》八卦中的卦（此为三爻之卦，为区别于六爻之卦，也称为经卦或单卦）。每个经卦由三个爻组成，如三个阳爻组成了乾卦（☰）、三个阴爻组成了坤卦（☷）。三个阳爻或阴爻排列组合起来，最多只能有八种组合，这八种组合或称八种基本形态就是《易经》中的八卦。八卦的卦名及爻的符号分别是：

乾 ☰　兑 ☱　离 ☲　震 ☳　巽 ☴　坎 ☵　艮 ☶　坤 ☷

这就是八卦，伏羲创造的八卦！凡是学《周易》的人必须要熟记它，才能读懂《周易》，记不住的话就多看多读这八个字及其相关含义。《周易》中解释爻的文字称为爻辞，解释卦的文字就称为卦辞。

古人创八卦，八卦是象征自然现象的一套符号。每一卦都有含义：乾象征天，兑象征泽，离象征火，震象征雷，巽象征风，坎象征水，艮象征

23

山,坤象征地。"天、地、雷、风、水、火、山、泽"就是古人归纳总结的八种自然现象,体现在八卦之中。

八卦虽然只有八个,表现符号也简单至极,但却能代表世间万物万象。八卦除了象征以上自然现象外,还象征其他很多类象,体现了古人天人合一、万物皆有联系的思想。在五行、数字、方位、颜色、天气、气味、人体部位、病象以及动物方面八卦各有象征,《说卦传》云:"帝出乎震,齐乎巽,相见乎离,致役乎坤,说言乎兑,战乎乾,劳乎坎,成言乎艮。万物出乎震,震东方也。齐乎巽,巽东南也;齐也者,言万物之洁齐也。离也者,明也,万物皆相见,南方之卦也;圣人南面而听天下,向明而治,盖取诸此也。坤也者,地也,万物皆致养焉,故曰致役乎坤。兑,正秋也,万物之说也,故曰说言乎兑。乾西北之卦也,言阴阳相薄也。坎者,水也,正北方之卦也,劳卦也,万物之所归也,故曰劳乎坎。艮,东北之卦也,万物之所成终而所成始也,故曰成言乎艮。"这就是八卦万物象类的基本理论依据。下面介绍八卦各自所代表的典型类象:

乾卦

《周易》有云:乾为天,为圆,为君王,为父,为金,为寒,为大赤,为马……

乾卦由三个阳爻组成,纯阳而刚健,因此形象如天、刚强如金;天主宰万物,因此又引申为君,为父,为老人,为领导;天圆地方,又可引申为圆形的物品;乾为极阳,阳极则色红,因此可为大红大赤;刚健而自强不息,运动不止,因此可代表动物中的马、龙等;在方位上则由《说卦传》界定为西北方(后天八卦)。

兑卦

兑为泽,为口舌,为喜悦,为少女,为毁折,为羊……

兑卦是一阴在上,两阳在下,外柔内刚,外虚内实,在八卦中代表泽;兑在古文中通"悦",因此有喜悦开心之意;兑的阴爻见于外,又有口的意思,故代表口舌、吵闹、议论等与口有关的事物;兑的上爻是阴爻,相比下面两个阳爻来说有残缺之象,因此又代表有缺陷或毁折之物;兑在八卦家庭体系中代表少女;兑在动物上代表喜气洋洋的羊。

离卦

离为火,为日,为电,为中女,为甲胄,为戈兵,为蟹,为龟,为枯木……

离卦象中虚,外刚内柔,八卦中代表火,因此如太阳、如电等与火有关的事物,令万物光明;光明由眼睛识别,离因此代表眼睛;离的两头阳爻护住中间的一阴爻,象征有甲壳的保护,因此代表甲胄、戈兵、有甲的蟹龟及贝类等,离在动物中还代表有靓丽羽毛的野鸡;离火性炎上,故对于树木来言,离又象征枯树槁木;在地理上离代表南方。

震卦

震为雷,为龙,为长男,为青,为小青竹,为芦苇,为花生,为东方……

卦爻上面两阴爻,下面一个阳爻,故有打雷之象;震是初爻为阳的阳卦,故在八卦中代表长男,长子,丈夫;震雷在天空飘荡,雷霆万钧,故又代表威猛之龙;震上虚下实,可代表芦苇、小青竹以及埋在土中生长的花生、土豆等物;震方位为东。

巽卦

巽为木,为风,为长女,为绳直,为长,为高,为木果,为实,为利市三倍……

巽卦上面两个阳爻,下面一个阴爻,卦象如箭,无孔不入,故为风,风好动,善入万物;巽在八卦家族中代表长女;巽为木,两阳爻在上,一阴爻如树根分叉伸入地中,故为长、为高,也为草木茂盛之地;巽由乾卦初爻变阴而来,乾为金,因此巽又象征做生意能获得三倍利润;巽在地理上代表东南方。

坎卦

坎为水,为沟壑,为险阻,为忧,为病,为盗……

坎卦是一个阳爻被二个阴爻包围着,像是陷落之象,又像一个车轮被陷在一个泥坑之中,因此为沟壑、为险阻,进一步引申为忧虑、生病,还可寓意因险生乱,因乱生盗;坎八卦属水,卦象有如流动之水,故为水为劳碌;对于植物来说,因坎卦外虚中实,有坚硬木心之象,如桃李;坎在地理上代表北方;在八卦家族中代表中男。

艮卦

艮为山,为止,为镇定,为门,为径路,为狗,为鼠,为坚多而节的瓜果……

艮卦是一阳爻在上,二阴爻在下,俨然一座大山之象,山的形象是固定静止的,可引申为镇定、保守,象征止;山又可代表重重阻隔,为看护之象,为门;地理上代表山,径路,丘陵地区;艮有看护、保守之意,引申为忠实,在动物上代表狗;艮在八卦家族中代表少男;艮在方位上代表东北方。

坤卦

坤为地,为母,为方,为母牛,为忍耐,为吝啬,为众……

坤三爻纯阴方正,顺天而动,厚德载物,有生万物之功,故为地、为母;能收万物之藏,故为锅;谨慎正直,逆来顺受,故为谦让,为吝啬,为忍耐;天圆地方,故坤为方;在地理上代表西南方;在动物中代表勤勤恳恳的母牛。

八卦类象可谓无穷无尽,无法一一枚举,读者可根据上述的卦象卦理来推断。图 2-4 是几个典型的八卦类象,需要读者牢记,包括八卦代表的五行、数字、方位,其中数字和方位分先天八卦和后天八卦两个不同体系,在实际应用中,一般是用**先天的数**、**后天的方位**。

	乾	兑	离	震	巽	坎	艮	坤
自然	天	泽	火	雷	风	水	山	地
五行	金	金	火	木	木	水	土	土
先天数	1	2	3	4	5	6	7	8
后天数	6	7	9	3	4	1	8	2
先天方位	南	东南	东	东北	西南	西	西北	北
后天方位	西北	西	南	东	东南	北	东北	西南

图 2-4　常见八卦类象(自然、五行、数字、方位)

八卦分先天八卦与后天八卦,一般认为,伏羲所创的八卦为先天八卦,周文王所推演的八卦称后天八卦。先天是指宇宙万物没有形成以前的状态,后天是指有了宇宙万物之后的状态。两者的主要区别在于每卦代表的数和方位不同。见图 2-5 所示,先天八卦是乾在最上面的南方,坤在最下面的北方;后天八卦是离在最上面的南方,坎在最下面的北方。而

先天八卦中数的规则是乾一、兑二、离三、震四、巽五、坎六、艮七、坤八;后
天八卦中数的规则口诀是:"一数坎来二数坤,三震四巽是中分,五中宫
来六乾是,七兑八艮九离门。"

先天八卦图　　　　　　　　后天八卦图

图 2-5　先天八卦和后天八卦

八卦在实际应用中还有个重要的"卦气"理论,就是每个卦都有卦气。
卦气有旺有衰,而卦气在不同的季节中旺衰不同。八卦的旺衰和后天八
卦的方位、五行和季节有关:乾、兑旺于秋,衰于冬;震、巽旺于春,衰于
夏;坤、艮旺于四季(每个季度的最后一月,即农历三、六、九、十二月),衰
于秋;离旺于夏,衰于四季(同前);坎旺于冬,衰于春。

八卦有阴阳属性。乾(☰)为纯阳之卦,坤(☷)为纯阴之卦,其他六卦
以卦中较少的爻之阴阳属性来确定卦的属性:震(☳)、坎(☵)、艮(☶)为
阳卦;巽(☴)、离(☲)、兑(☱)为阴卦。另外,有种理论认为:乾代表父,
坤代表母,其他六卦都是由乾坤二卦衍生出来。震为长子(阳爻在初位),
坎为中子(阳爻在中位),艮为幼子(阳爻在上位);巽为长女(阴爻在初
位),离为中女(阴爻在中位),兑为幼女(阴爻在上位)。

为了方便记忆,宋代朱熹在《周易本义》中编写了《八卦取象歌》以帮
助人们记住卦名和卦的符号:"乾三连,坤六断;震仰盂,艮覆碗;离中虚,
坎中满;兑上缺,巽下断。"

五、六十四卦

先有伏羲创八卦,后有文王推演六十四卦,《易经》由六十四个卦组成

27

（见图 2-6）。六十四卦中的卦则是由八卦两两重合叠加而成，也就是每卦三个爻增加为每卦六个爻（为区别于三爻的经卦，六爻卦也称大成卦）。例如把乾卦（☰）和坤卦（☷）两个经卦组合起来，乾在上，坤在下，就组成了《周易》中的否卦（䷋），乾在下、坤在上就组成了《周易》卦中的泰卦（䷊），否卦和泰卦就是大成卦。

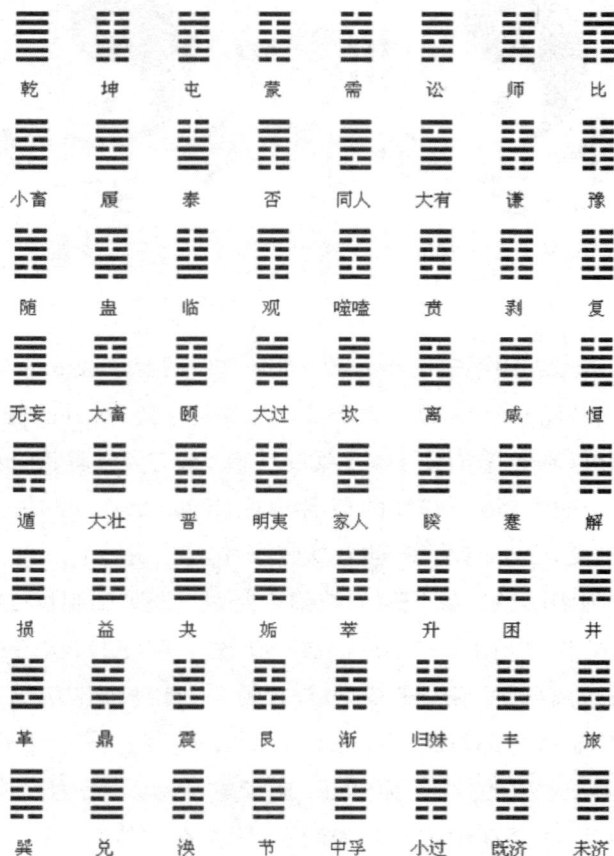

乾	坤	屯	蒙	需	讼	师	比
小畜	履	泰	否	同人	大有	谦	豫
随	蛊	临	观	噬嗑	贲	剥	复
无妄	大畜	颐	大过	坎	离	咸	恒
遁	大壮	晋	明夷	家人	睽	蹇	解
损	益	夬	姤	萃	升	困	井
革	鼎	震	艮	渐	归妹	丰	旅
巽	兑	涣	节	中孚	小过	既济	未济

图 2-6　六十四卦图

运用数学中的排列组合算法可以计算出六个爻叠加组合最多能有 64 种不同的组合，也即六十四卦。在每个卦中，上面的三个爻组合称为上卦或外卦，下面的三个爻组合称为下卦或内卦。例如否卦中的上卦或外卦是乾卦、下卦或内卦是坤卦。

大成卦由六个爻组成,爻辞和卦辞分别解释爻和卦的含义,但爻辞和卦辞之间是密切关联的,简单来说,爻辞是对卦辞的过程化解释,揭示这个卦所寓意事情的发展历程和哲理。

大家读《周易》书籍会发现,一般六十四卦的卦名会和该卦的上、下经卦所象征的自然类象连在一起写。例如,上文所提到的否卦,因为是由乾卦和坤卦组成,乾象征天,坤象征地,所以一般也会把否卦写成"天地否"(上卦写在前、下卦写在后),同理泰卦会写成"地天泰"。这么写的目的主要是方便记忆和理解六十四卦,六十四卦是由八卦两两重叠而成,如果先记牢了八卦,再由八个卦来记六十四个卦就会简单容易很多,所以建议读者在学习《周易》六十四卦的时候也养成这样标注卦名的习惯。

《周易》的六十四卦是按照一定规律排列的,唐代孔颖达曾用"二二相耦,非覆即变"来总结卦的排列特点。"二二相耦"指六十四卦两两一对依次排列,共有三十二对,如乾卦对坤卦、屯卦对蒙卦等。"非覆即变"指三十二对卦中每一对之间的关系不是颠倒就是相反,"覆"就是把一个卦整个倒过来形成另外一个卦,"变"是指卦的每一爻都变成相反的爻(阳爻变阴爻,阴爻变阳爻)而形成另外一个卦。如屯卦(䷂)倒过来就是蒙卦(䷃),因此称为屯卦和蒙卦互为覆卦(也称综卦);乾卦(䷀)反过来就变成坤卦(䷁),乾卦和坤卦互为错卦(也称变卦、旁通卦),这就是成语"错综复杂"的由来。在《周易》六十四卦的排列中,一共三十二对,其中四对为错卦,二十八对为覆卦。读者可以以此加深对卦的理解,从而方便记忆。

有一首朱熹《卦序歌》,帮助读者背诵六十四卦:

> 乾坤屯蒙需讼师,比小畜兮履泰否,
> 同人大有谦豫随,蛊临观兮噬嗑贲,
> 剥复无妄大畜颐,大过坎离三十备。
> 咸恒遁兮及大壮,晋与明夷家人睽,
> 蹇解损益夬姤萃,升困井革鼎震继,
> 艮渐归妹丰旅巽,兑涣节兮中孚至,
> 小过既济兼未济,是为下经三十四。

六十四卦卦名中有若干生僻字容易念错,如屯念"谆"(zhun 一声),否念"痞"(pi 三声),噬嗑念"适合"(shi 四声 he 二声),蹇念"剪"(jian 三声），夬念"怪"（guai 四声），姤念"够"（gou 四声），艮念"亘"（gen 四声），巽念"讯"（xun 四声）。

第三节 象、数、理、占

学易经，如果不掌握象、数、理、占的含义那是无法学好的。

象、数、理、占可以说是《周易》的四大要点。一般可理解为象是《周易》的符号、表象形式，数是《周易》的数量、数字形式，理是对象数的哲理化解释，占则是象、数、理在实际中的具体运用。

象是《周易》的卦爻中显示或揭示出的表象。

数是《周易》中暗含的数字系统，是对世间万事万物的量化表达方式。

理是义理，是事物的自然规律和固有的哲理，属于哲学范畴。

占就是占卜，运用象、数、理来预测事物。

这里举一个简单的例子帮助读者理解象、数、理：比如大家玩麻将，麻将的大小、颜色、花色这是麻将的象；麻将的张数、每种花色的张数、每个玩家所拿的张数，这是麻将的数；麻将的玩法规则就是理。

一、象

《系辞传》曰："在天成象，在地成形。"易经是通过"象"来表现和揭示世间万物的，如何理解"象"的含义并不是一件容易的事情，古往今来，研究易经的人们对"象"的解释五花八门，各有道理，但对读者来说难以自行辨析。为准确通俗地理解"象"的含义，我们可以从两个层面理解"象"：

（1）客观存在的、自然和社会中的事物具体形象。如水、火、马、牛；

（2）人们从具体事物形象中抽象出来的寓意，如卦爻符号、飞龙、阴阳。

黄宗羲在《易学象数论》中将易经的"象"归纳为七大类，笔者认为这种提法非常有助于我们理解"象"。这七大类象分别为：八卦之象，六画之象，象形之象，爻位之象，反对之象，方位之象，互体之象。

八卦之象即是《说卦传》中提到的八卦所对应的各种事物，如乾对应的象是：健、马、天、君、金等，具体可查阅《十翼》中的《说卦传》。

六画之象是指卦的六个爻所表示或暗示的形象。如前文提到的爻的得位与失位、爻与爻之间的乘承比应关系等。

象形之象是指六十四卦的卦画符号的直接表象，如鼎卦（䷱），看卦的符号就像古代的一个鼎，初爻像鼎足、二爻三爻四爻像鼎的腹部、五爻像鼎的耳朵、六爻像鼎的盖子。

爻位之象是指每卦的六个爻中各代表人的不同阶层，初爻为士民、二爻为大夫、三爻为公、四爻为诸侯、五爻为天子、上爻为宗庙。其中，五爻即为九五之尊。

反对之象前面也有叙述，即把一个卦颠倒过来看，成为另外一个新的卦。如否卦（䷋）颠倒过来看就是泰卦（䷊），这种爻画的颠倒，称之为反对之象。

方位之象是指八经卦（不是六十四卦）所象征的八个方位。乾西北，兑正西，离正南，震正东，巽东南，坎正北，艮东北，坤西南。（这里指后天八卦方位。）

互体之象是个非常重要的概念，经常运用于解读卦爻含义，读者需要牢记。互体之象一般也叫作互卦，是指把一个大成卦中的二爻、三爻、四爻拿出来组成一个新的下经卦，把三爻、四爻、五爻拿出来组成一个新的上经卦，由这两个经卦合成一个新的大成卦，即为互卦，或称互体之象。每个大成卦都有互卦，如天地否卦（䷋）的互卦为风山渐卦（䷴）、地天泰卦（䷊）的互卦为雷泽归妹卦（䷵）。

二、数

数是对世间万事万物的量化表达方式。《周易》有着丰富的数学知识，概括起来，《周易》有以下几类数字系统：

（1）天地、大衍之数

天地之数源自《系辞传》："天一，地二，天三，地四，天五，地六，天七，地八，天九，地十。……凡天地之数五十有五。"另外，古人还从《河图》中总结，"天一生水，地六成之；地二生火，天七成之；天三生木，地八

31

成之；地四生金，天九成之；天五生土，地十成之。"也即水一、火二、木三、金四、土五；大衍之数也源自《系辞传》："大衍之数五十，其用四十有九。"天地之数对于理解《周易》有一定意义，但除了表明天阳地阴的概念外，没有太多实质意义，在《周易》数的应用中也鲜有涉及；大衍之数也只是在最原始的蓍草卜筮方法中有提及。这两种"数"读者仅作了解即可。

（2）爻位之数

六十四卦中每卦有六个爻，从下往上依次称为：初爻、二爻、三爻、四爻、五爻、六爻（也称上爻）。如果是阳爻则用"九"表示，如"九二"表示排在第二位置的阳爻；如果是阴爻则用"六"表示，如"六三"表示排在第三位置的阴爻。每个爻位代表的意义各不相同，如前文"爻位之象"章节提到的内容。

（3）八卦之数

八卦中每个卦都有一个数字代表，分两种不同的定义：先天八卦数和后天八卦数（见图 2-7）。先天八卦数：乾一，兑二，离三，震四，巽五，坎六，艮七，坤八；后天八卦数：一坎，二坤，三震，四巽，六乾，七兑，八艮，九离。不管是先天八卦数还是后天八卦数都在易经中有着较多的应用，其中以先天八卦数应用尤为广泛。

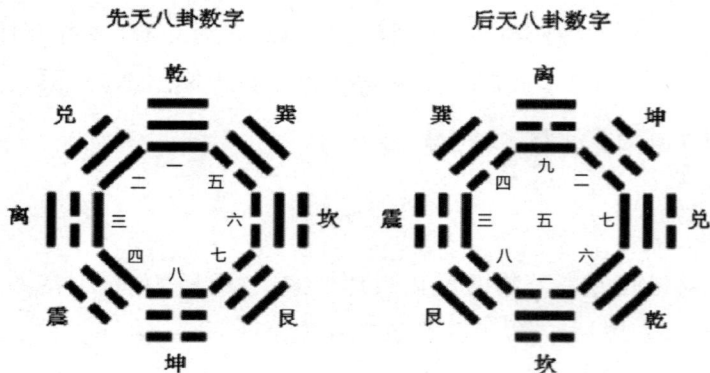

图 2-7　先天八卦数和后天八卦数

三、理

理是义理，是世间事物的自然规律和固有的原则或道理，属于哲学范畴的概念。很多《周易》著作中也将"理"解释为易理，通常认为易理和义理在一般情况下可以混用，但严格意义下的两者还是有不同含义的，易理是《周易》中的道理或哲理，义理则是普遍存在的道理或哲理，义理包括易理。

《周易》中义理的阐释主要来自《易传》，《系辞传》（上）云："易与天地准，故能弥纶天地之道。"易经与天地一般博大广阔，包含宇宙间的一切道理，符合自然法则，一切自然科学、社会科学都脱离不了这个法则。正是《周易》中阐发出来的义理，才使《周易》成为中华文化的智慧结晶。古代先贤研究《周易》的义理，并用之去解释世间万事万物，就形成了以《易经》为基础的宇宙观、政治观以及人生观；正是《易经》中的义理，运用唯物主义和辩证法的方法论，揭示宇宙间事物发展变化的自然规律，并预测自然界和人的各种信息。《易经》的"群经之首"声誉即由此而来。

中国古代的很多哲学流派都源自《周易》或者是受到《周易》的启发和影响。儒家学派创始人孔子晚年酷爱《周易》，以至于"韦编三绝"。他从哲学角度提出的诸多思想无不是受到《周易》中义理的启发（后文详述）。道家学派的创始人老子和《周易》的关系更加密切。清代著名学者、政治家康有为评价说："老子之学，只偷得半部易经。"《周易》甚至对西方哲学、自然科学也有重要影响。黑格尔、爱因斯坦、莱布尼茨等都对《周易》作过评论，并赞赏有加。这里不详细叙述，有兴趣的读者可以参考相关文献。

《周易》的义理体系非常丰富，包括辩证的阴阳关系、五行的生克制化以及天人合一理论等，将在后面易经思维章节中加以详细叙述。

四、占

"占"就是占卜、占卦、卜筮，即古代的预测方式，是易经重要的功能之一，古人通过分析运用易经的象、数、理来预测事物的规律和结果。

占卦虽然被现代人认为是"迷信"，但它能流传至今，自有它存在的道理,所谓"存在即合理"。这里不详细讨论这个问题,只讲占卦与学习易经之间的关系。在学习《周易》的过程中如果不占卦,笔者认为是学不好《周易》的。孔子五十而学《易》,他虽然不主张占卦,但史料证明孔子是十分精通占卦的。这就表示孔子在学《易》的过程中仔细研究过占卦,学成之后根据心得才提出不主张占卦。其实孔子的本意应该是真正精通《周易》的人是不靠占卦来预知事物发展规律的,也即后来荀子说的"善易者不占"。而在学习《周易》时,为更准确深入全面理解《周易》的精髓,应该辅之以占卦,正如著名易学大师尚秉和所说的:"未学易,先学筮。"

占卦一般分为起卦和解卦两个步骤。

流传至今较为常用的起卦方法有:揲蓍布卦法(也称蓍草起卦法),铜钱摇卦法,随机起卦法(也称梅花易数起卦法)。三种方法中,揲蓍布卦最古老、最烦琐;随机起卦最方便、最简单;铜钱摇卦最广泛、最经典。

常用的解卦方法有卦爻辞法、纳甲筮法(也称六爻法、火珠林法)、梅花易数法等。卦爻辞法最简单,与《周易》关系最密切;纳甲筮法最复杂,适合专业人士使用;梅花易数相对简单易入门,但要求解卦人有较高的悟性。本书将在后面章节简单介绍这三种解卦方法。

另外,以《周易》为基础衍生出来的预测体系还有四柱命理、风水堪舆、姓名学、手相面相学、铁板神数、紫微斗数等;以及古老的预测术"三式":太乙神数、大六壬、奇门遁甲。笔者认为这些门类过于玄奥,不是非常感兴趣者不必去学。

一般预测或占问事情的结果,有好、中、坏三个层次。用《周易》占卜,最简单的一种方式就是直接根据《周易》的卦辞、爻辞来判断事情的好坏或吉凶,《周易》的卦辞爻辞中也有专门的词语描述事情的好坏,涉及的吉凶词语有九个,可以分成三个等级或层次:

第一类:"元吉""大吉""吉"。这三个词都可以归类为"好"的意思,只是好的程度不同,它们分别是最吉利、非常吉利、吉利的意思。

第二类:"无咎""悔""吝"。这三个词都属于中性的意思,无咎是没有过错,也即不好不坏、平安无事的意思;悔是悔恨、后悔,但若能及时调整,可以转化为无咎;吝是羞辱、忧愁,但若不及时改正,会向不好的方向(即厉或凶)转化。

第三类:"厉""咎""凶"。这三个词都可以归类为"坏"的意思,厉是危险,但还没有形成实质危害;咎是过失、过错,有一定的实质危害;凶是最严重的危害或灾害,是最不好的一个词语。

第三章　学易经的意义

1956年，毛泽东主席在中国共产党第八届二次会议上，曾引用《周易》的话说："中国古人讲，一阴一阳之谓道。不能只有阴，没有阳，或者说只有阳，没有阴，这就是古代的两点论。"

2006年，胡锦涛主席在美国耶鲁大学演讲时也提到《周易》中的内容："中华文明历来注重自强不息，不断革故鼎新。'天行健，君子以自强不息。'这是中国的一句千古传世格言。"

2014年，习近平主席在中共中央政治局第十四次集体学习时强调："安而不忘危，存而不忘亡，治而不忘乱。"这句话就出自《周易》的《系辞传》。

2014年，习近平主席在和平共处五项原则发表60周年纪念大会上，引用了《周易》中"益"卦的象辞："凡益之道，与时偕行。"随后又在第二次世界互联网大会、新加坡及英国的国事访问时在演讲中三次引用了这句象辞。

2014年，习近平主席在中国人民对外友好协会成立60周年纪念活动上首次提出阐释中国和平发展基因的"四观"，包括：天人合一的宇宙观、协和万邦的国际观、和而不同的社会观、人心和善的道德观。这四个观念及所用词语均与《周易》息息相关。

很多国家的领导人都喜欢《周易》。不仅有我们的近邻，如韩国和日本，也有西方政治领袖。例如2010年，美国国务卿希拉里·克林顿在中美战略与经济对话中，曾引用《周易》中的"殊途同归"；2006年时任法国总统的希拉克访华时，在北大演讲中也引用《周易》中的"二人同心，其利断金"来说明中法关系的重要性。

为什么要学习易经,学习易经有什么意义?

一、传承优秀传统文化,做文化自信的中国人

《周易》是我国古代哲学、自然科学与社会科学相结合的一部巨著,是中国国学的重要组成部分,是中华优秀传统文化的源头,历来被尊称中国文化的百科全书。两千多年以来,易经对我国的哲学、史学、文学、宗教、自然科学及社会科学都有着巨大的影响。

长期以来,《周易》曾作为科举取士中的必修科目,是古代为官为仕之人的必读之书。然而近代以来易经被片面定性为封建迷信,易道中落,百年来易经知识难登国民教育大雅之堂,只在民间中惨淡相传,沦为江湖术士的算命工具,以至于现代人绝大多数已读不懂易经。然而,易经能从古代一直延续不绝到今日,所谓"存在即真理",易经必定有着它无可比拟的饱含正能量的生命力,需要我们当代人正确对待和认真挖掘。

虽然近代中国的社会经济尤其是科技发展落后于西方,但是不能否认,古代中国在传统文化的引领下曾主导着世界发展的潮流,作为"四大文明古国之一",也曾创造过举世瞩目的辉煌,打造过文景之治、贞观之治、开元盛世、康乾盛世这样的时代。只是到了近代,在中国陷入了故步自封、停滞不前的怪圈的同时,西方现代科技高度发展,经济空前繁荣,西方文明才打开了中国的大门,"西学"大行其道,中华文明的自信心降至谷底,甚至有国人喊出"全盘西化"的论调,包括《周易》在内的中国传统文化在"西学"的挤压下逐渐衰落。然而随着新中国的成立,中国共产党领导中国人民改革开放、锐意进取,经过几十年的努力,终于奇迹般地崛起,国运昌盛,综合国力大幅提升。在中国的经济、科技、社会飞速发展的同时,中国传统文化也迎来了复兴浪潮,"国学热"在全国各地悄然兴起,已成星火燎原之势,研究中国传统文化的学者专家越来越多,学习中国传统文化的企业家、政府部门人士和高校学生越来越多,激起了国人重新学习中国传统文化的激情,作为传统文化之源的易经也因此重新焕发了青春。

中国古典名著《三国演义》开篇有句话："天下大势，合久必分，分久必合。"现今世界文化和科技发展经过长期的分工细化，从希腊到意大利，从英国到美国，一直到 21 世纪，"分"几乎已经走到极致，当今世界尤其是欧美国家已经面临许多无法解决的问题，整个西方世界"以分析为基础、以征服自然为主要思想"的发展已现颓势，世界的重心也正向东方转移。即将从"分"走向"合"的阶段，而注重"合"的中国传统文化思维必将显现出无可比拟的优势，主张"天人合一"、顺乎自然、万物皆有普遍联系的易经学说就是"合"思维的典型代表。

习近平主席高度重视传统文化，他指出："一个不记得来路的民族，是没有出路的民族"，强调培育和弘扬社会主义核心价值观必须立足中华优秀传统文化。牢固的核心价值观，都有其固有的根本。抛弃传统、丢掉根本，就等于割断了自己的精神命脉。博大精深的中华优秀传统文化是我们在世界文化激荡中站稳脚跟的根基。中华文化源远流长，积淀着中华民族最深层的精神追求，代表着中华民族独特的精神标识，为中华民族生生不息、发展壮大提供了丰厚滋养。中华传统美德是中华文化精髓，蕴含着丰富的思想道德资源。不忘本来才能开辟未来，善于继承才能更好创新。对历史文化特别是先人传承下来的价值理念和道德规范，要坚持古为今用、推陈出新，有鉴别地加以对待，有扬弃地予以继承，努力用中华民族创造的一切精神财富来以文化人、以文育人。

2016 年 7 月 1 日，习近平主席在庆祝中国共产党成立 95 周年大会上明确提出：中国共产党人"坚持不忘初心、继续前进"，就要坚持"四个自信"即"中国特色社会主义道路自信、理论自信、制度自信、文化自信"。其中文化自信即是对中国特色社会主义先进性的自信，坚持文化自信就是要激发人民对中华优秀文化传统的历史自豪感，坚定对党领导人民建设社会主义现代化强国，实现中华民族伟大复兴事业的坚定信念，在全社会形成对社会主义核心价值观的普遍共识和坚定信念。

因此，学习易经的意义之一在于：传承中国传统文化，不失民族本色，做一个自信的中国人。

二、认识世界,认知社会人文

《系辞传》云:"《易》之为书也,广大悉备,有天道焉,有人道焉,有地道焉。"易经阐述的世界运行规律由天道、地道和人道组成。《说卦传》又云:"立天之道曰阴与阳,立地之道曰柔与刚,立人之道曰仁与义。"

自殷商时代以来,人们对天地人的认识经历了一个漫长的发展过程,宇宙初始处于混沌的状态,混沌开始分化,清气上升为天,为阳;浊气下降为地,为阴,"一阴一阳之谓道"。阴阳二气相互激发,不断地交合,产生了和气,"万物负阴而抱阳,冲气以为和"(引自《道德经》),万物生长繁衍,"天地氤氲,万物化醇;男女构精,万物化生"(引自《系辞传》)。

《周易》中"谦"卦的象辞云:"天道亏盈而益谦";而被称为"偷得半部易经"的道家鼻祖老子云:"天之道,损有余而补不足",朴素地阐述了自然界的生态平衡原理。天之道与地之道是自然界阴阳二气彼消此涨的体现,而人之道既从属于天地之道,又与天道、地道并称为"三才","天人合一"的论点由此产生。

易经描述的是世间万物发展变化的规律,任何事物都遵循孕育、出生、成长、鼎盛、衰弱、灭绝再到孕育的过程,周而复始,生生不息。从观察春夏秋冬,做出春耕秋收、夏劳冬休的行为;从观察十二时辰,做出日出而作、日落而息的行为;从观察一个人的品行、举止、言谈,而推测出一个人的富贵贫贱。简单来说,观察事物,总结规律,顺势做出恰当的决策,获得好的结果。

纵观整部《周易》,虽然个别地方提到鬼神二字,但并没有宣扬鬼神,没有信仰神的存在以及崇拜具体的神,只有天道、地道和人道即自然界的客观规律。易经认为宇宙万物的产生和无穷变化的根源,不是来自超自然的神灵主宰,而是来自事物固有的一阴一阳的对立统一性,这就是事物发展变化的内在动因。这与《圣经》《古兰经》有本质的区别。这就是易经带给人们的科学的启发和帮助。

现代科学虽然高度发达,但仍然有许多问题是科学无法解决的,很多自然界的现象超出我们今天的科学认知范围。例如,从今天的理性认识角度出发,尚无法解释占卜的原理,无法解释这个世界是怎么来的,无法解释人类的起源等,而学习易经,或许能够给人们一些启示,帮助人们站在更宽广的维度认识世界,理解社会运行规律,认知人类文化的发展原理和趋势。

因此,学习易经的意义之二在于:认知世界,认知社会与人文。

三、完善人格,和谐家人朋友同事

汉代大儒董仲舒说:"诗书序其志,礼乐纯其养,易春秋明其知。"(《春秋繁露·玉杯》)《文言传》曰:"元者,善之长也。亨者,嘉之会也。利者,义之和也。贞者,事之干也。君子体仁足以长人,嘉会足以合礼,利物足以和义,贞固足以干事。君子行此四德者,故曰:'乾,元亨利贞'。"《周易》中阐述了许多为人处事的道理,塑造了不同社会阶层的理想人格,探讨了人与人相处的原则和规范。"圣人""君子"是《周易》中推崇的人之典范,圣人意为全能之人、完美之人,是最高层次的人,具有理想化的色彩,"圣人"一词在《周易》中出现 67 次;"君子"则是《周易》中出现频率最多的词语之一,共有 122 次,君子是指人格和道德高尚的人,《周易》将君子的特征表述为"元亨利贞",元亨利贞也可理解成我们今天说的仁义礼智信,这是君子人格的标准要求。

君子之道是儒家学说的核心范畴,《周易》对君子的描述与儒家的君子之道有着紧密的联系,"君子学以聚之,问以辩之,宽以居之,仁以行之""君子敬以直内,义以方外,敬义立,而德不孤""君子进德修业,忠信,所以进德也。"《周易》引导人们学习圣人、成为君子。学习《周易》可以提高自身的视野、境界、品味,拓展自身的格局,完善自身人格。

《周易》以阴阳思想为核心理念,引导人们在人际关系中重视中和的理念,对人对事强调"和而不同","和"也是《周易》思想的精髓,阴阳和顺,是说和他人的关系要和谐顺畅。"和"的思想在《周易》的整个体系之中都有体现。"孚"在《周易》中也是出现频率很高的词语,孚有诚信的意思,《周易》非常强调人与人之间的诚信,关于"诚"的思想后来为儒家发扬光大,在中国传统文化的建构上发挥至关重要的作用。

"天行健,君子以自强不息;地势坤,君子以厚德载物"这句出自乾坤二卦的象辞是现今人们最熟悉的《周易》语句之一,也是完美人格的重要组成部分。当年清华大学邀请著名学者梁启超作主题为"君子"的演讲，梁启超便引用了《周易》中的这两句话，后来清华大学就将"自强不息，厚德载物"定为清华校训，激励着一代代清华人建功立业，为国奉献。

《周易》用阴阳把八卦组成一个家庭：乾卦代表父，坤卦代表母。其他的六个卦代表三男三女六个孩子，巽卦代表长女，离卦代表中女，兑卦代表少女；震卦代表长子，坎卦代表中子，艮卦代表幼子。

前文论述过卦的六爻存在当位或失位，中正及爻位之间的承、乘、比、应的关系，按《周易》的观点，当位、中正都是吉祥的，失位则是不吉祥的，这与人际关系的处理息息相关，《周易》对于"当位"的理解就是人们都要找到自己应该在的位置、负起应有的责任，这样才能使社会安定有序，和谐发展；反过来说，如果统治者玩忽职守、百姓不安于现状，丈夫没有尽到丈夫的责任、妻子没恪守妻子的义务，父亲不慈、儿子不孝，大家都不守自己的本分而失位的话，大至社会、小至家庭必将混乱纷争。《周易》中有多个卦都揭示了如何处理好人际关系的问题。

总之，易经能帮助人们正确认识世界和人类本身，确立人生不同时期、不同处境下的待人处事原则，学会定位自己；帮助我们全方位认识自己和他人，处理好人际关系，从而和谐相处、共同发展，获得成功人生；帮助我们认识命运，从而顺应或改变命运，让自己活得明白，让自己获得心灵的欢乐与自由；帮助我们正确处理爱情、夫妻、父母、子女及其他家庭关系问题，构建和谐家庭，塑造幸福人生。

因此，学习易经的意义之三在于：完善人格，和谐家人、朋友和同事。

四、启发智慧，拓展思维

笔者在研读《周易》的过程中，感觉到它既博大精深，又浅显易读（当然这需要参考众多易学著作的诠释），也许读者看到这里会笑话笔者吹牛，但这的确是研读《周易》入门后的状态，许多人读《周易》时都感觉很难读得进去，尤其是一看到晦涩难懂的经文便觉得索然无味，弃而远之，但如果你掌握了易经的学习方法，在你苦读《周易》的某一天会豁然开朗，感觉到打开了易经之门，从此会一发不可收拾。宛如国学大师王国维描述的治学三境界："昨夜西风凋碧树，独上高楼，望尽天涯路；衣带渐宽终不悔,为伊消得人憔悴;众里寻他千百度,蓦然回首,那人却在灯火阑珊处。"

易经是一种世界观和人生观,是一种认识论和方法论,是研究宇宙运行和发展规律的一门综合学问。迄今为止,《周易》仍然是人类最深奥的智慧之一,其中蕴含的思想,取之不尽、用之不竭,没有人能参悟到极致。无论你是从政、经商,还是学习、研究、交友,都可以从易经中得到启发和帮助。所谓"不明易者,不可为将相"并不是妄言,本书将在易经的思维体系一节,详细介绍笔者认为具有典范性的易经思维。

《周易》在分析天地人生规律的同时,还为我们提供了一套行之有效的为人处世策略,最重要的是给予读者人生的智慧和启发。每每读之,都有如沐春风的感觉,面朝大海,春暖花开,切身体会到了"闲坐小窗读《周易》,不知春去已多时"的意境。

《周易》为我们提供了一种看问题或者思考问题的理论和解决问题的方法,它把纷繁复杂的世间万事万物归纳成六十四个状态(六十四卦),每个状态都有其从产生到发展再到灭亡的六个过程,从哲学、政治、社会、人文等多个角度给人们以提示和分析,引导人们做出最恰当的决策和选择。尽管现代人大多数不了解《周易》,但这并不意味着他们没有运用《易经》的智慧。就如同一个将军没有学过《孙子兵法》,也能带兵打仗;一个不识字的农民,也可以根据气候变化的规律耕种稼穑。而如果我们掌握了《周易》,就如同黑夜之中有盏明灯作指引,可以主动地去运用《周易》中的智慧指导自己的行为,建立科学的假设,扩充科学的选择和采取科学的决策。

现代人一提到占卜,便认为它是迷信行为而嗤之以鼻,殊不知,占卜就是一种预测行为。现今社会,预测行为比比皆是,天气预报、地震预警、奥运会上的夺金预测、各种宏观微观经济指数预测,甚至科学研究中常用的假设,本质上也都是一种预测行为,占卜和各种预测行为一样,都是提前判断事物的一种方法,只是预测的原理各不相同。从来没有准确率百分之百的预测行为,占卜也不例外,不要迷信占卜,但也不用对占卜完全弃之不用。因此,笔者认为对待占卜的正确态度应该是将占卜作为一种启发思维、运用假设、完善决策的科学手段。

忙忙碌碌的现代人不需要过多掌握其他极为复杂的哲学理论，只需要学习《周易》中的哲学思想就能受用终生；不需要深究《周易》中深奥莫测的单词语句，只需要掌握它的语意和暗含的哲理；不需要掌握光怪陆离的卜筮体系，只需要适当掌握，会用即可。

因此，学习易经的意义之四在于：启发智慧，拓展思维。

第四章 如何轻松学习易经

　　近代以来易经文化的衰落凋零,究其原因,一是由于近代以来中国的发展落后于西方,使国人丧失民族自信和文化自信,致使国学精粹备受冷落。二是《周易》的上古文字晦涩难懂,后人的释义解说又纷繁多样,使易经的门槛高高在上,人们轻易难得入门。

　　21 世纪以来,中国发展奇迹已为世界瞩目,而西方诸强则遇到前所未有的困境,中国已成为世界第二大经济体,国人的民族自信和文化自信东山再起,实现中国梦的步伐越来越强劲有力。上述导致易经文化衰落的第一个原因已经不复存在。因此,让国人大众喜爱易经、读懂易经、使用易经,是当今人文学者们将易经文化传承发扬光大的最重要使命。

　　关于如何轻松学习易经,笔者结合自己学习易经的心得,总结出以下要点,意在抛砖引玉,敬请读者参考。

一、建议不要直接读原文

　　读者如果有意学习《周易》,那么这里给大家的第一条建议就是:首先不要直接读《周易》原文,包括《易经》和《易传》。

　　"乾,元亨利贞""坤,元亨,利牝马之贞""屯,元亨,利贞。勿用有攸往,利建侯"晦涩难懂的字句和雷同的章节结构一定会让你在十分钟内感觉索然无味、昏昏欲睡,随后就是将书籍束之高阁,笔者多年以前刚接触《周易》的时候就是这个感觉。《易经》的原文乃是春秋战国时代以前的上古文字和语法,距今已有数千年之久,与现代文字语法差之千里。一上来就接触这些文字,无疑先是一头雾水,然后频频对照原文查阅白话文释义和翻译,由于基础知识的匮乏,不仅不能完全领会经文的意思,还降低了读书的流畅性和趣味性。就好像一个饿汉面对一桌子山珍海味，一口气全吞进肚子里，难以消化是肯定的，弄不好还会落下肠胃炎的毛病。

因此，要想轻松学习易经，不可急于求成，要有由浅入深、循序渐进、逐步深入的心态。

二、首先要熟悉易经结构

那么学习《周易》，如果不能直接先看原文，那该怎么办呢？先了解一下《周易》的结构和组成全貌。

学易经首先要做的是，弄清楚《周易》全文的结构。注意这里说的是《周易》而不是《易经》，现代人一般把《周易》和《易经》混同起来，现在大家提到的《易经》一般都是指《周易》，在非正式的场合中混用二者也无不可。前文提过，广义的《易经》概念包括《连山》《归藏》和《周易》，但狭义的《易经》只是《周易》的一部分，《周易》包括《易经》和《易传》两部分。前文已经介绍过《周易》并非由一人写成，而是先后经历多位先贤共同完成的一部巨著。《周易》的结构包括《易经》和《易传》两部分，《易经》包括卦画、卦名、卦辞、爻辞；《易传》则包括《彖传》《象传》《系辞传》《文言传》《序卦传》《说卦传》《杂卦传》。

大多数《周易》著作都有一个标准的文本格式，见图4-1。《周易》的第一部分是依次介绍六十四卦，以乾卦为首、未济卦结尾，每个卦的内容包括卦象（画）、卦名、卦辞、彖辞、大象辞、六个爻的爻辞和小象辞，其中乾坤两卦还包括文言。《周易》的第二部分则是关于系辞、说卦、序卦、杂卦的介绍。

弄清楚《周易》的结构后，就知道《周易》的系统架构是什么，《周易》是怎么写作的。但笔者还是不建议大家现在就开始读原文。

三、其次要了解有关易经的基础知识

《易经》的知识体系博大精深，需要有一定的相关知识储备才能学好它。目前市面上出版的大部分有关易经的图书，都会在前面的章节中介绍一些易经的基本知识，包括阴阳、五行、八卦、六爻、天干、地支、《河图》《洛书》。这些内容读者不要略过，一定要仔细阅读，争取掌握甚至熟知这

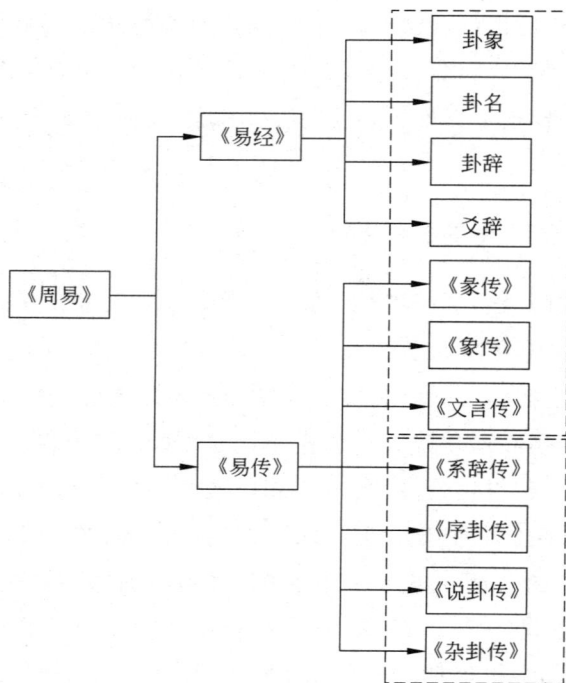

图 4-1　《周易》的文本结构

些知识,它们不仅是学习易经的必备基础知识,也是中国传统文化的基石,掌握了这些知识对于学习其他国学著作如四书五经、老庄孙子等经典也大有裨益(见图 4-2)。

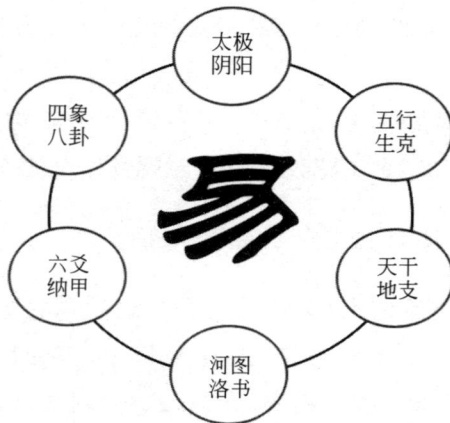

图 4-2　易经的基础知识体系

关于阴阳、八卦、六爻的知识，前面章节都做了介绍，本节及后续章节将介绍关于五行、天干地支、《河图》《洛书》等基本知识。

五行

中国古代朴素的物质观认为，宇宙万物是由五种物质构成的，也即五行，分别是金、水、木、火、土。宇宙各种事物的产生、发展、灭亡都是这五种物质运动和相互作用的结果。

金："金曰从革"，代表金属类的物质，有时具有坚固性能的物质也可算作金。

水："水曰润下"，代表包括水在内的流动的物质。

木："木曰曲直"，代表树木花草，生命力强大。

火："火曰炎上"，代表火、太阳等发热物质，具有强大的热能或电能。

土："土曰稼穑"，代表土地、山丘等物质。

五行之间有着相生相克等较为复杂的关系。

五行相克（克制）：金克木，木克土，土克水，水克火，火克金。

金克木，很好理解，斧头砍柴、刀削木枝就是典型的金克木。

木克土，树木破土而出，这就是古人认为木克土的道理。

土克水，"水来土挡"，治水需要用土。

水克火，很好理解，某个地方着火了，一般都是用水来浇灭。

火克金，火能融化金属，意即火能克制金。

五行相生（生助）：金生水，水生木，木生火，火生土，土生金。

金生水：金属熔化后就化成了液体，五行的水泛指液体，因此说金生水。

水生木：树木花草的生长离不开水的滋润和灌溉。

木生火："钻木取火"，古人最早就是通过打钻木头获取火种的。

火生土：绝大多数物质经过火烧后都会化成土。

土生金：金属一般都生长在土里，所谓"淘金"，就是从土里筛出金子来。

对某一五行来说，生助另外一个五行简称"生"，克制另外一个五行简称"克"，被另外一个五行生助简称"泄"，被另外一个五行克制简称"耗"，与另外一个五行相同叫作"比"。以金为例，根据五行之间的关系，金生水、金克木、金泄土、金耗火、金比金。

为了方便大家记忆五行相生相克，笔者建议平常大家念五行的时候，按"金水木火土"的顺序来念，这种顺序有个规律，即"相邻则生，隔代则克"。例如，金与水相邻，金生水；金与木隔了一位，金克木。其他也一样，具体参见图 4-3 所示。

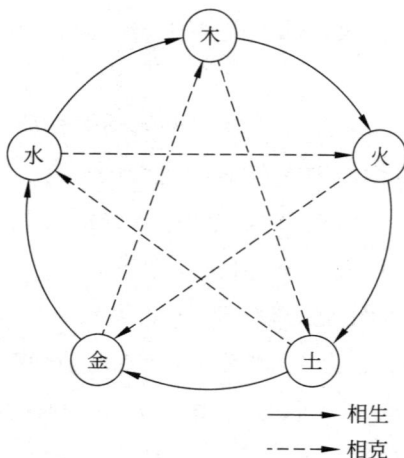

图 4-3　五行相生相克图

五行还与方位有关联，这也是需要大家熟记的：东方木、西方金、北方水、南方火、中央土。图 4-4 即为五行方位图，古人画图的习惯是把南方放在上面、北方放在下面，这样东方就之左边，西方就在右边。这与现代人画地图的方向正好相反，现代人画地图是北上南下左西右东。这点也需要牢记。

东方为何属木？东方是植物茂盛、早被阳光照射的地方，生机盎然。

西方为何属金？西方山多，藏金也多。

南方为何属火？南方气候炎热。

北方为何属水？北方气候寒冷、多有冰雪。

五行还与季节气候有关联，这同样需要大家记住，不过只要具备一些基本的生活常识就不难做到：

春季是万物生长、植物茂盛的季节，而木代表树木花草，因此春季属

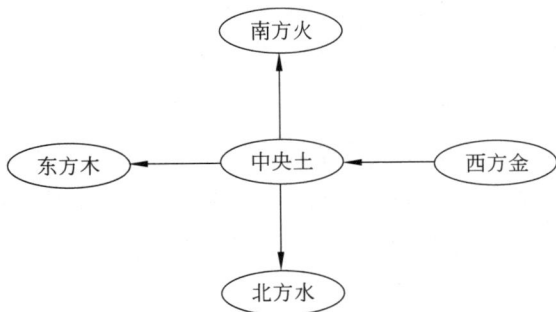

图 4-4　五行方位示意图

木，或称春季木当令（当令也即正当时令，是指顺应时令，符合、契合时令的意思。令是季节、时令的意思）；

夏季气候炎热，自然与火相关联，因此夏季属火，或称夏季火当令；

秋季是成熟、收获的季节，俗称"金秋"，因此秋季属金，或称秋季金当令；

冬季气候寒冷，自然与水相关联，因此冬季属水，或称冬季水当令。

古人认为，四个季节的最后一个月也即农历的三、六、九、十二月，称为"季月"，是季节交替变化的时候，这四个月的属性不是所在季节的属性，而都是属土。

以上提到的五行也称为正五行，古人还创立了另外一套五行体系，叫纳音五行。它是基于古代的五音（宫、商、角、徵、羽）发展起来的一种五行学说。每个天干有自身的五行属性，地支也有自身的五行属性，天干与地支结合在一起会变成新的五行，这就是"纳音五行"。这种五行主要应用在年份上，比如：甲子、乙丑这两年出生的都是海中金。纳音五行目前尚有许多争议，许多易学人士认为纳音五行缺乏基本依据，不能区分更细类信息，因此基本不予采用。

天干地支

天干共有十个：甲、乙、丙、丁、戊、己、庚、辛、壬、癸。

地支共有十二个：子、丑、寅、卯、辰、巳、午、未、申、酉、戌、亥。

天干地支是中国传统文化的基石，从史料来看，天干地支文化的产生要早于《周易》，它们最初的功能是用于观察天文地理以及计算时间。天干的干,顾名思义,是植物的主干;地支的支,即为植物的分支或分枝,天干地支也即相当于树木的主干和分支。上古中国人最早通过观察天象计算时间,于是就编制了十个符号来描述太阳的运行周期,即为甲、乙、丙、丁、戊、己、庚、辛、壬、癸;地支最初用于描述月亮的相对运行周期,人们将地球自转一天分为十二个时辰,同时又将地球围绕太阳公转一年分成十二个月(注:当时古人的认识还有局限性,认为地球是宇宙的中心,太阳围绕着地球转),都分别用十二个地支符号代表,即是子、丑、寅、卯、辰、巳、午、未、申、酉、戌、亥。

　　从相关史料来看,天干地支在中国古代用于纪日、纪月、纪年、纪时等,天干和地支互相组合形成了中国古代纪年历法。十个天干和十二个地支依次两两组合,如甲与子组合成甲子、乙与丑组合成乙丑、丙与寅组合成丙寅……,这样形成了六十个组合(最多可以有 120 种组合,但每个天干地支都有阴阳属性,干支搭配只能阳配阳、阴配阴而不能阴阳混配,这样就只有 60 种组合,具体可看参考文献)称为六十甲子,见图 4-5,因此有六十轮回(60 为一个周期)之说。用于纪年则是六十年一轮回,用于纪月则是六十月(五年)一轮回,用于纪日则是六十日(大致两月)一轮回,用于纪时则是六十时(五天)一轮回。

甲子 1	甲戌 11	甲申 21	甲午 31	甲辰 41	甲寅 51
乙丑 2	乙亥 12	乙酉 22	乙未 32	乙巳 42	乙卯 52
丙寅 3	丙子 13	丙戌 23	丙申 33	丙午 43	丙辰 53
丁卯 4	丁丑 14	丁亥 24	丁酉 34	丁未 44	丁巳 54
戊辰 5	戊寅 15	戊子 25	戊戌 35	戊申 45	戊午 55
己巳 6	己卯 16	己丑 26	己亥 36	己酉 46	己未 56
庚午 7	庚辰 17	庚寅 27	庚子 37	庚戌 47	庚申 57
辛未 8	辛巳 18	辛卯 28	辛丑 38	辛亥 48	辛酉 58
壬申 9	壬午 19	壬辰 29	壬寅 39	壬子 49	壬戌 59
癸酉 10	癸未 20	癸巳 30	癸卯 40	癸丑 50	癸亥 60

图 4-5　六十甲子表

天干地支在易经理论体系中除了与时间的年月日时相关外,与众多事物也都有着密切关联。天干地支与五行、方位、人体部位、人体脏腑、十二生肖等都有密切的关联。读者需要重点记住天干地支与方位和五行的关系(见图 4-6)。

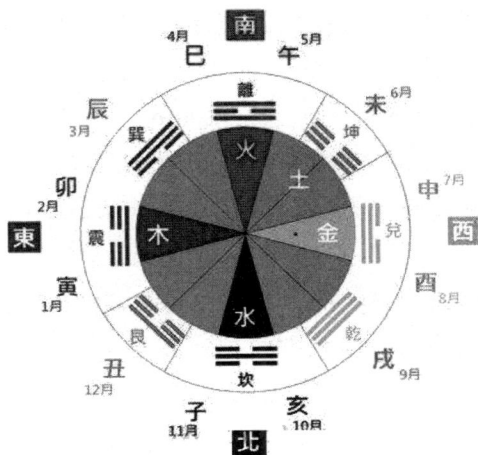

图 4-6 五行八卦地支月令关系图

(来源: 百度百科)

天干:东方甲乙木,西方丙丁火,南方庚辛金,北方壬癸水,中央戊己土。

地支:寅卯东方木,巳午南方火,申酉西方金,亥子北方水,辰未戌丑四季土。

大家熟知的十二生肖和地支有密切的关系。十二生肖的起源与动物崇拜有关。据说早在先秦时期即有比较完整的生肖系统存在,最早记载于东汉王充的《论衡》。十二生肖又称十二属相,是以十二种动物代表人出生年份的十二个地支,包括鼠、牛、虎、兔、龙、蛇、马、羊、猴、鸡、狗、猪。与地支搭,即:子(鼠),丑(牛),寅(虎),卯(兔),辰(龙),巳(蛇),午(马),未(羊),申(猴),酉(鸡),戌(狗),亥(猪)。随着历史的发展十二生肖逐渐产生相生相克的民间信仰,每一种生肖都有丰富的传说,成为民间文化中的形象哲学。

《河图》《洛书》

《系辞传》说："河出图,洛出书,圣人则之。"《河图》《洛书》是中华文明的源头,相传远古时期龙马从黄河中出来,背负《河图》,伏羲参悟它而创造了八卦;后来又有神龟从洛水中出来,背负《洛书》,大禹依据它来治理洪水,将天下分为九州并制定九章大法来治理社会。虽然《河图》《洛书》的起源被古人附上了神话色彩,神话固不可信,但足以说明伏羲、大禹不是凭空想象而是在前人的基础上获得的灵感和启迪。《河图》与《洛书》是中国古代流传下来的两幅神秘图案,历来被认为是河洛文化的滥觞。2014 年,《河图》《洛书》传说经国务院批准列入第四批国家级非物质文化遗产名录。

关于《河图》《洛书》,有关参考文献中有详细论述,它们都是以黑点和白点为基本要素,以不同的组合方式排列成若干个蕴藏着无数奥秘的数字矩阵,见图 4-7。简言之,《河图》揭示了数字、阴阳、五行、季节之间的关系;《洛书》揭示了数字、八卦、方位之间的关系,是后天八卦的来源。等读者学习《周易》入门后,自然就会理解这些道理了。

《河图》 《洛书》

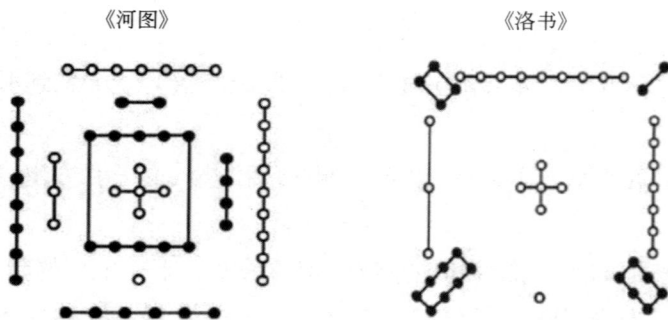

图 4-7 《河图》《洛书》

四、现在你要看《周易》了

经过以上三个步骤,现在你要看《周易》了,为什么是"要看"而不是"可以看"？因为有了以上那些传统而有趣的知识,如果读者真正理解掌握了,相信大部分人会开始对《周易》感兴趣,迫不及待地要阅读原文了。

　　《周易》全文的篇幅并不是很长,其中《易经》部分约 5 000 字,《易传》部分约 8 000 字,《周易》文字的信息量极为丰富,读起来切不可急功近利,需要细细研读,由于《易经》是上古文字写成的,言简意赅,有时一个字存在好几种解释,因此关于《周易》的释义迄今没有统一的范本,有时需要在桌案上同时放几本有关的图书,一并参考以帮助理解。

　　不过,我仍建议读者读完这本书后再研读《周易》的原文,本书将给易经作一个全新的诠释,不仅纠正国人认为易经是迷信的误解,佐证《周易》是一部充满哲理的著作,而且还将《周易》定位为科学的著作。在这个定位下,相信读者学习易经将会有更大收获。

　　孔子曾说过:"假我数年,五十以学《易》,可以无大过矣。"笔者感悟孔圣人的寓意在于没有一定的人生阅历积累,是不能学懂易经的。现今人们在步入中年时,往往自认为年龄偏大了,已经过了读书学习的黄金时代,不能再学什么高深的知识了。这种认识是个大误区,且不说学海无涯、学无止境,中年以上的人们已经有了丰富的人生阅历,而这些正是学习易经宝贵的经验基础。通过易经的学习,结合自身以前的人身阅历,会有诸多收获和感悟,可以在后半生的时光中活得明白、活得自在、做到"无大过"矣!

五、先把一卦读透

　　由于《易经》全文结构的规律性很强,六十四卦相当于书的六十四章,每章先是说卦,再说爻,依次从初爻到上爻,章章如此。因此读者开始看《易经》原文时,读了几卦(章)后,如只是行云流水般的浏览,未免有枯燥厌倦之意。笔者建议大家不必强调阅读速度,尤其是在初读时,应该将一卦先读透、研究透,然后再看其他的卦,这样就会大大减少枯燥厌倦之意。例如就看第一卦:乾卦,把乾卦的卦辞、爻辞、彖辞、象辞等从头到尾、反反复复仔细多看几遍。乾卦是《易经》六十四卦中最具代表性的一卦,读通它就能抓住《周易》的深明大义(见图 4-8)。

六、"玩索而有得"

　　孔子学《周易》还有一句话:"玩索而有得",就是以轻松娱乐的心态

		乾卦	卦辞	元亨利贞。

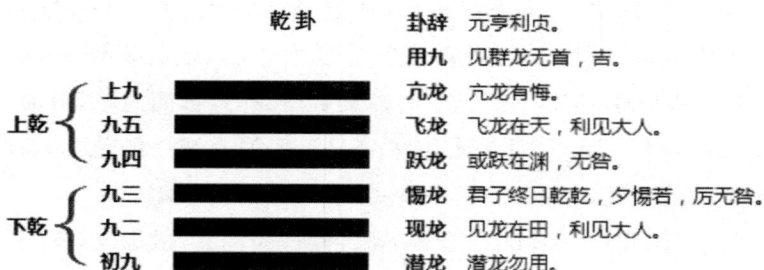

図 4-8　《易经》的乾卦

去学《周易》。孔子是儒学至圣，是学问大师，他在教三千弟子学习其他书时，都是要持严肃严谨的治学态度，唯独对学《易》的态度与众不同。兴趣是人们学习的重要动力之一，一旦人们喜爱上了某项知识，寓学于乐，学起来必定事半功倍。所以只有建立起对《周易》浓厚的兴趣，"玩索而有得"自然就轻松做到了。

　　"玩索而有得"还有另外一层意思，现代易学家尚秉和先生说过："未学易，先学筮"；著名学者冯友兰先生也说："研究《周易》当然以《周易》哲学为主，但《周易》本来是一部筮书，《周易》的哲学思想有些与筮法有关，因此对筮法也要作调查研究工作。"就是说学易要先学占卦卜筮。把卜筮作为学易的辅助方法之一，是入门易经的一条捷径。易经的产生最初就是用于卜筮（预测），经过历代先贤的不断完善和丰富，才逐步形成现在庞大的易学体系。所谓追本溯源，人们在学习《周易》的时候，如果对卜筮多加了解并学以致用，有助于对《周易》全面的掌握。另外，从学以致用的角度上来说，如果在学习的过程中经常辅之以占卜解卦，不仅能持续培养对《周易》的兴趣，也对帮助理解和记忆《周易》有极大裨益。

　　笔者就是在学习的过程中，定期用梅花易数占卦，综合采用卦爻辞法和梅花易数法来解卦（卦爻辞法是与《周易》联系最为紧密的一种占卜方法），在练习（玩）梅花易数法的同时，将看似枯燥的卦辞爻辞与实际生活场景联系起来，使其能够"接地气"，进而对卦辞爻辞加深了理解和记忆。读者不妨借鉴这一方法学习《周易》。

第五章　典型卦解析

本章介绍《周易》六十四卦中有代表性的、对后世影响较大的十个卦，它们的卦辞及爻辞具体参见附录一。

一、自强不息，厚德载物：乾卦和坤卦

"自强不息，厚德载物"这八个字就是笔者母校、我国著名高等学府清华大学的校训，也是乾卦和坤卦的核心寓意。

"天行健，君子以自强不息"，这是乾卦的大象辞。乾卦是六十四卦第一卦，学习《周易》的人们只要仔细研读懂了乾卦，就可以掌握《周易》的写作脉络，基本上就可以入了易经的门。乾卦中六个爻描述事物从萌芽、发展、壮大、鼎盛、衰亡的过程，世间万物的发展莫不如此，《周易》其他卦的语言结构也大多如此。而乾卦的六条爻辞也个个是经典：初爻的"潜龙勿用"意思是龙潜伏在水里，处于潜伏期，不可轻举妄动，喻示事物发展的启蒙阶段；二爻"见龙在田"，看到龙出现在田野上，已经崭露头角，利于拜见大人物，喻示事物发展到了初级阶段；三爻"终日乾乾，夕惕若，厉无咎"，君子白天努力奋斗，到了晚上仍然反省警惕，喻示着人们要想成就大事，必须要付出艰苦努力，时刻不能松懈；四爻"或跃在渊"，龙有时飞跃起来，有时又潜伏进深渊，表明正在探索道路，积蓄力量，寻找机会；五爻"飞龙在天"，龙已经在天空中翱翔，飞黄腾达，喻示事业已经发展到了顶峰；六爻"亢龙有悔"，处在最高处的龙有了悔恨，喻示物极必反，盛极而衰，这是事物发展的必然规律；用爻"群龙无首"，一群龙无拘无束地自由翱翔在天空，不需要谁来领导，喻示天下太平，万民安居乐业，无为而治。注意这与现代人对群龙无首的解释是不同的，现代的解释是一群龙没有领头的，无法统一协调行动，导致局面混乱。

"地势坤，君子以厚德载物"，这是坤卦的大象辞。坤卦与乾卦相对应，乾坤组合在一起即代表天地、江山，其实也代表你正在关注的一个事物的体系。坤卦也是对中国人影响最大的卦之一，传统的中国人性格宽厚朴实、温良包容、与人为善，这与坤卦的本质完全符合。另外，中国人爱美食，也与坤卦代表腹的卦象相符合。

1914 年，清华大学邀请国学大师梁启超先生到清华演讲，梁启超以《君子》为题，在演讲中引用了乾坤二卦，他说："乾象言，君子自励犹天之运行不息，不得有一曝十寒之弊。才智如董子，犹云勉强学问。《中庸》亦曰，或勉强而行之。人非上圣，其求学之道，非勉强不得入於自然。且学者立志，尤须坚忍强毅，虽遇颠沛流离，不屈不挠，若或见利而进，知难而退，非大有为者之事，何足取焉？人之生世，犹舟之航於海。顺风逆风，因时而异，如必风顺而后扬帆，登岸无日矣。……坤象言，君子接物，度量宽厚，犹大地之博，无所不载。君子责己甚厚，责人甚轻。孔子曰：'躬自厚而薄责于人。'盖惟有容人之量，处世接物坦焉无所芥蒂，然后得以膺重任，非如小有才者，轻佻狂薄，毫无度量，不然小不忍必乱大谋，君子不为也。当其名高任重，气度雍容，望之俨然，即之温然，此其所以为厚也，此其所以为君子也……**今日之清华学子，将来即为社会之表率，语默作止，皆为国民所仿效。设或不慎，坏习惯之传行急如暴雨，则大事偾矣。深愿及此时机，崇德修学，勉为真君子，异日出膺大任，足以挽既倒之狂澜，作中流之砥柱，则民国幸甚矣。**"此后，清华大学便将"自强不息，厚德载物"八字定为校训，传为美谈。

二、唯一一个六爻皆吉的卦：谦卦

《周易》六十四卦中，没有最吉利也没有最凶险的卦，不同的环境下卦象喻示的吉凶会不同，这也体现了易经辩证的思维。但也有一个特殊情况，六十四卦中只有一个卦的六个爻辞全部是吉，这就是谦卦。除了谦卦外，其余六十三卦的爻辞有悔有吝，有咎有厉，有吉有凶。地山谦卦是地在上、山在下；内卦艮象征山、止；外卦坤象征顺、地。一般都是山比地高，谦卦却是高山将自己的位置处于地的下面，这就是谦虚的类象。整个大成卦象征一个人内心谦虚，外表柔顺，所以《周易》的作者把这一卦命名为"谦"。

《周易》认为天道的运行规律是"下济而光明""亏盈而益谦",天虽高而不自以为高,需往下与地相交以显现其光明,虽盈而不自以为盈,必损其余以补其不足,这就是谦而致亨,谦而有终。

人性以谦虚为美德,"恶盈而好谦",这是源于观察天地之道受到的启示,要懂得谦受益、满招损的道理。成语"谦谦君子"即出自《周易》,指谦虚谨慎、品德高尚,有德而不自彰、有功而不自居,严格要求自己、宽容对待别人的人。"谦谦君子,卑以自牧",卑以自牧就是以谦卑自守。一个君子应该以谦卑的姿态待人处事,既不会因为一时得势而狂妄自大,也不会因为地位卑微就丧失操守,钻营上爬。《道德经》中说:"上善若水,水善利万物而不争,处众人之所恶,故几于道。"道家认为水是至善至柔的,滋养万物而不争夺利益,总是流向低的地方,谦逊和善,与世无争。人生之道,莫过于此。而谦卦在《周易》中的重要性也无可比拟,退让一步是谦,不傲慢无礼是谦,尊重他人是谦,知书达理是谦。只有做到这些,才能达到"劳谦,君子有终",大吉大利的境界,这就是圣人境界。谦是中国人的传统美德。

战国时代,赵国的蔺相如因为完璧归赵、渑池护主等功绩,被赵王破格提拔为上卿。资深老将军廉颇认为自己打仗战无不胜,劳苦功高,蔺相如只不过是一介文弱书生,只有口舌之功却比他官大,心中很是不服,屡次对人说:以后只要让我见到他,必定会羞辱他。蔺相如得知此事后就请病假不上朝,路上与廉颇的车驾相遇也绕道避让。蔺相如的门客对此很不理解,说你都是上卿了,位居廉颇之上,还为什么这么惧怕他呢?蔺相如说:"我连凶狠的秦王都不惧怕,还怕廉颇吗?只是我和廉颇将军一文一武,保护赵国不受秦国侵犯,如果我们俩不和,势必对赵国不利,我应该以国家大事为重,谦让廉颇将军,个人受点委屈算什么,只要赵国强盛就行。"后来廉颇得知此事,羞愧难当,深深佩服蔺相如的谦虚美德,便向蔺相如负荆请罪。两人握手言和,重归于好,齐心协力辅佐赵王。

谦卦目的是教导人要有谦虚的美德,谦卦的意义大矣!

三、处境艰难的四大难卦：屯、坎、蹇、困

有学者统计分析,《周易》的六十四卦中有四个卦是体现人生艰难困苦的处境,号称"四大难卦",分别是屯卦、坎卦、蹇卦、困卦。

屯卦:卦象雷在水下轰鸣,而水在云中不落,象征事物初始阶段,百废待兴,万事开头自然难,也正如人们创业时的艰难。

坎卦:卦象为两水重叠,坎水为险,象征艰难险阻,沟壑纵横,处处危机四伏,此卦喻示人们正处在重重危险之中。

蹇卦:卦象为水在山上,喻示举步维艰,处处受制,犹如人深陷沼泽之中,进退两难。

困卦:卦象是泽在水上,泽干枯,象征身陷困境,孤立无援,无能为力,一筹莫展,只能等待时机。

四大难卦都与水有关,卦中都有坎水卦,也符合坎水疾困的类象。遇到这四卦喻示的处境该当如何应对呢?《周易》中这四卦的大象辞都有明确的阐述,指引人们如何面对艰难处境,简而言之就是树立平和的心态,保持坚定的耐心,提高自身的德行操守,抓住时机一举突破,必要时舍生取义。

三国时的刘备,虽然出身皇族,但家道没落,远离贵族体系,自小以织席贩履为生。时值天下大乱,刘备结识关羽、张飞,桃园结义而后举兵,立志为国效力,复兴汉室。但一路艰难坎坷,先后历经多次挫折,起兵后讨伐董卓立功却未受重视,得到徐州却被吕布暗算而复失,归降曹操却被软禁而不得志,投靠刘表屡遭猜忌陷害,虽三顾茅庐得诸葛亮辅佐,但又遭遇曹军南下征讨,几乎全军覆没。颠沛流离半生,各种艰难处境几乎都体验到了,始终不能发展壮大。但刘备有不坠青云之志,坚韧卓绝,自强不息,广收民心。终于抓住时机,与东吴孙权结盟,在赤壁火烧曹军,随后在诸葛亮的辅佐下巧占荆州,智取四川,勇夺汉中,建立蜀国,雄踞西南一方,与曹操、孙权形成三分天下的局势,成就一方霸业。可以说刘备的一生,四大难卦他都经历过了,艰难困苦,玉汝于成。刘备的经历告诉我们只要不忘初心,坚持努力,最后就会取得成功。

四、否极泰来、三阳开泰：否卦、泰卦

"否极泰来"这句成语源自《周易》的否卦和泰卦,意思是身处逆境到极端的话,就会向顺境转化,坏运到了头好运就来了。所谓"乐极生悲""苦尽甘来""祸福相依"等成语都是与之相近的意思。它充分体现了辩证法思想,是事物发展的普遍规律。任何事物发展到一定的程度,就会改变原有的形态,出现新的状况。

泰卦在《周易》中为吉利之卦,卦辞为"小往大来,吉亨";否卦则是不利卦,卦辞为"否之匪人。不利君子贞。大往小来"。古人认为:否卦为乾上坤下,天与地相隔,天地不交,代表天地各行其是,阴阳阻塞不通;而泰卦则是乾下坤上,天地相交,天地相互作用而使万物滋生,因此是吉利之相。

泰卦和否卦是一对卦,即互为综卦,也互为错卦,关系紧密;泰是通顺,否是闭塞,二者相辅相成、互相转化。寓意人们要懂得祸福相依的道理,增强忧患意识,居安而思危,然后才能立于不败之地。有了闭塞和阻隔,产生了对立和矛盾,就要疏通、消解,将不利变为有利,将坏事变成好事。

忧患意识是中华民族的传统的精神美德,我们的祖先正是凭借这种忧患意识从远古时代一步步走到今天。我们民族强大的生命力,也正在于能在不断变幻的世间万物中保持清醒的头脑,以独有的智慧迎接各种挑战。因此,中华文明历经千年不息,是世界上唯一没有中断过的文明。

"三阳开泰"也是源自泰卦,为什么叫三阳开泰呢?泰卦中有三个阳爻在下面,即是三阳,往上托起三根阴爻,促使天地交泰,大吉大利,就生成了泰(卦)。今人也有"三羊开泰"的说法,应该是误把"阳"讹传成了"羊"。羊在中国民俗中多有吉祥的象征,自古便是古代民众朝夕相处的伙伴,深受人们喜爱。古代中国甲骨文中"美"字,即由"羊"和"大"组成。因此,三阳开泰、三羊开泰这两个成语后来也就混用了。

史玉柱是现代中国经济改革进程中颇具传奇色彩的人物之一。1989年,他以借债 4 000 元起家,创立巨人公司,以自己开发的巨人汉卡系列独占当时国内同类产品市场鳌头,凭借出色的市场营销策略,继而开发脑

黄金系列保健产品又大获成功,短短五年间个人财富暴涨,位居福布斯"大陆富豪排行榜"第八位,可谓荣耀一时。后来却风云突变,在史玉柱雄心勃勃投资兴建巨人大厦之时,由于主观层面上的决策失误以及客观不利因素,各种劫难蜂拥而至,顷刻间资金链断裂,财富灰飞烟灭,负债2.5亿元,史玉柱不得已宣布破产,消失于商界。但是令人惊叹的是,几年后史玉柱奇迹般地卷土重来,自主研发运营的首款网络游戏《征途》一举成功,推出脑白金、黄金搭档等保健产品再次风靡市场,数年时间重出江湖就还清之前欠下的巨债,又一次跻身于中国顶级富豪行列,尤胜当年的鼎盛时期,正所谓"否极泰来"。

五、革故鼎新:革卦、鼎卦

"革故鼎新"这个成语也是源自《周易》,它包含了两个卦名,革卦与鼎卦,此两卦互为综卦。革卦的卦辞是"已日乃孚,元亨利贞,悔亡",革字象征改革、变革;鼎卦的卦辞是"元吉,亨",鼎原为烹饪的器皿,也有更新的意思,象征破旧立新。《杂卦传》中说"革,去故也;鼎,取新也"。这就是"革故鼎新"成语的由来。指去除旧的事物,建立新的事物;革除旧弊,创立新制。

"商鞅变法"就是革故鼎新的典型例子。战国时期,各国战乱不断,你争我夺,当时中原大地的七个大国都有称霸天下的雄心,但没有一个国家拥有绝对优势。秦国地处偏僻西部,长期以来受到东方大国晋国的压制而无法东进一步,后来晋国因为内乱而分裂为赵、魏、韩三国,秦国等来了千载良机,秦孝公即位以后,决心发奋图强,壮大秦国,争雄天下,于是便颁布招贤令,广招天下英才。当时著名的法家代表人物商鞅应召来到秦国,以其卓越的才识受到秦孝公的赏识并委以重任。商鞅便开始变法维新,实施废井田、重农桑、奖军功、建立县制等一系列新政,短短数年,秦国国力大增,一跃成为战国七雄之首。此次商鞅变法是战国时期各国改革中最彻底的,经过革故鼎新般的变法,秦国逐渐发展成为战国后期最强大的封建国家,数十年间,攻城略地,开疆拓土,直至后来的秦始皇剪灭六国,一统天下。

六、损益之道：损卦、益卦

成语"损益之道"出自《周易》中的两个相邻之卦：损卦和益卦。损卦辞"有孚，元吉，无咎，可贞，利有攸往。曷之用？二簋可用享"，损卦有折损、损失的意思，卦象是上山下泽，大泽浸蚀山的根基，使大山受到伤损。益卦的卦辞"利有攸往，利涉大川"，益卦有补益、增加的意思，卦象是风雷激荡，使大地万物受益。《序卦传》说："损而不已必受益，故受之以益。"《道德经》说："天之道，损有余而补不足。"损益是一对矛盾，对立统一，互相转化，互相依存，这是大自然的客观规律。黄寿祺、张善文先生曾经总结："若将损、益两卦象比较，还可以看出，两者的立意是相互补充的：损下足以补上，上者收益又当施惠于下；损上足以益下，下者受惠亦可转益于上。"这就是损益之道。

损和益的象辞中还都有"与时偕行"，这是孔子对益卦损卦哲理的阐述，寓意无论损益，其规律都要与时俱进。

晚清时期被誉为"中兴第一名臣"的曾国藩，在大清王朝即将被太平天国推翻之时，率领自己一手组建起来的湘军与太平军激战，立下赫赫战功，力保江山社稷。在太平军被镇压之后，他的政治生涯也达到鼎盛时期，官至两江总督，坐拥五十万能征惯战的湘军将士，独揽江苏、江西、安徽、浙江四省军政大权，全国十八个省中十三个省的督抚由其门生故吏出任。曾国藩当时的政治、军事力量空前强大，足以与清廷分庭抗礼。甚至湘军集团内部也有不少将领希望拥立曾国藩"更进一步"。据说在太平天国首都天京被攻陷后的一天晚上，湘军数十位将领不约而同求见。曾国藩深知众意，不发一言，只挥笔写了一副对联后从容退入后堂。众将看见对联上十四个大字"倚天照海花无数；流水高山心自知"。可见曾国藩当时自知功高震主，也明白众将的来意，就以一副对联委婉地表明了自己的态度。后来，曾国藩自剪羽翼，主动裁撤强大的湘军。以慈禧为首的清廷政府顿时消除了猜忌之心，感恩戴德地封曾国藩为一等勇毅侯，使之成为清代以文人封武侯的第一人，在曾国藩死后，清廷给予谥号"文正"来表彰他的功绩。功高震主，古来有之，所谓"狡兔死，走狗烹；飞鸟尽，良弓藏"乃是常态，汉高祖刘邦、宋太祖赵匡胤、明太祖朱元璋等无不如此。曾国藩自幼学习易经,深谙损益之道,在他事业的巅峰时期,仍能保持清醒的头脑急流勇退,损有余而补不足,近乎完美的传统人格令无数后人折服。毛泽东主席曾说过:"予于近人,独服曾文正。"

七、防微杜渐:坤卦、渐卦

成语"防微杜渐"最早出自《文言传》对坤卦的阐述:"积善之家,必有余庆;积不善之家,必有余殃。臣弑其君,子弑其父,非一朝一夕之故,其所由来者渐矣。"意思是做了很多善事的家庭,必然有吉庆余留给子孙后代;做了许多坏事的家庭,必然有灾祸余留给子孙后代。臣子杀害君主,儿子杀害父亲,这种大逆不道之事并不是突然出现的,而是有一个逐渐发展的过程。而坤卦初爻的爻辞也体现了这个含义,"履霜,坚冰至",脚下踩到了霜,于是知道寒冷结冰的冬天即将来临。象辞云:"履霜坚冰,阴始凝也,驯致其道,至坚冰也。"宋代的程颐解释说:"阴始生于下,至微也。圣人于阴之始生,以其将长则为之戒。阴之始凝而为霜,履霜则当知阴渐盛而至坚冰矣。"

另外一个与防微杜渐相关的就是渐卦,它的六个爻辞表明了事物发展的循序渐进过程:"鸿渐于干""鸿渐于磐""鸿渐于陆""鸿渐于木""鸿渐于陵"。"鸿渐于陆"喻示渐进的道理。

自然现象有个渐进过程,人们做事也不例外。"霜而至于冰,小恶而至于大,皆事势之顺长也""勿以善小而不为,勿以恶小而为之"。善与恶都有一个积累的过程,如果在萌芽阶段就加以重视,就可以扬善弃恶。这就是"防微杜渐"的道理。《黄帝内经》中说:"圣人不治已病治未病,不治已乱治未乱,此之谓也。夫病已成而后药之,乱已成而后治之,譬犹渴而穿井,斗而铸锥,不亦晚乎?"最高明的医生,不是善于治病的医生,而是能防患于未然的医生。具有大智慧的人,也不应该是那种能在大乱中展现其才华的人,而是善于防微杜渐,能使灾祸消弭于无形之中的人。

前一段时期热播的《人民的名义》电视连续剧中,有一位贪官是国家某部委的项目处长,虽然只是个处长,但是他手中掌握着全国矿产资源的审批权,外地的副省级领导干部来见他还要排队等候。后来由于贪污腐败被检察机关立案侦查,竟然在其别墅里搜出 2 亿多元现金。而这个项目处长的原型在现实中真实存在,他就是国家发改委煤炭司前副司长、被称为"亿元司长"的魏鹏远,检察机关从魏鹏远家中搜查发现现金折合人民币 2 亿余元,该案也成为中华人民共和国成立以来检察机关一次起获赃款现金数额最大的案件。有媒体报道,5 台点钞机连续 14 个小时清点赃款,其中一台被烧坏。千里之堤,毁于蚁穴。贪官们的贪污腐败不是一蹴而就的,而是一点一滴积累起来的。也许他们在首次贪污受贿时还心有不安,或许想着就只有这一次,殊不知有了第一次、第二次,就会有第三次、第四次……。有人计算过魏鹏远在近六年时间里,平均每天受贿近十万元。因此,洁身自好,廉正守法一定要有防微杜渐的意识,千万不能有侥幸心理,把住第一道防线是至关重要的。

八、惩恶扬善:大有卦

惩恶扬善这个成语出自《周易》中的大有卦象辞:"君子以遏恶扬善,顺天休命。"这是非常有意义的一个哲理,本来大有卦是个吉利之卦,表示大有收获的意思,初看起来与遏恶扬善没有多大关系,但孔子却以此作为象辞来注解大有卦,借以提醒统治者在五谷丰登、吉庆有余的时候要弘扬社会正气,惩治邪恶行为,这样才能维持天下太平的局面。

话说春秋末年战国初期,中原大地上形成了七个大国,而它们之中最先强盛起来的国家是魏国,当时的魏文侯聚集了一批能人贤士治理国家,西门豹就是其中一位。当时邺地是魏国首都的重要门户,也是战略要地,但天灾人祸不断,民不聊生。魏文侯委派西门豹担任邺县令治理邺地,西门豹到邺地后,微服私访,询查百姓疾苦,老百姓反映说每年给河伯娶媳妇导致本地民穷财尽。原来邺县有三老、廷掾等贪官向老百姓征收重税搜刮钱财,名义上是为河里边的神仙河伯娶媳妇,其实绝大部分钱财都被他们自己贪污。而且每年到了为河伯娶媳妇之时,他们挨家挨户地搜寻百姓人家的漂亮女子,把她们丢到河中,名为奉献给河伯。因此城里许多百姓携家带口远走他乡,城里人口越来越少,以致更加贫困。西门豹于是将计就计,在河伯娶亲之日将助纣为虐的巫婆和三老等人一个个抛入河中,震慑了长老、廷掾等人,他们纷纷求饶,邺县的官吏从此再也不敢提起为河伯娶媳妇的事了。西门豹利用"河伯娶媳妇"事件惩恶扬善,严厉惩罚当地作恶多端的不法之徒。同时,修建水利,发展农业,使邺地百姓逐步富庶起来。西门豹为官一生,清正廉明,造福百姓,死后,邺地百姓专门为他修建祠堂,四季供奉。

九、蒋介石的名字与豫卦

豫卦,震上坤下,震为雷,坤为地,雷生于地,预示着春天来临,大地回春,春意盎然,喜悦愉快。因此豫卦象征愉快欢乐、喜悦高兴。此时利于建功立业,带兵打仗。豫卦和谦卦是一对综卦,《序卦传》曰:"有大而能谦必豫,故受之以豫。"谦卦讲的是踏实做事,谦虚谨慎,承载包容的道理;而豫卦则讲的是感恩上天,尽情享受欢乐但要适度的道理。

蒋介石是大家都熟知的人物,其实,"介石"只是他的字,而蒋介石一生中有过多个名字,族谱中记载的名字是蒋周泰,小时候名叫蒋瑞元,读书时学名叫蒋志清,后来取名叫蒋中正、字介石。"中正"和"介石"是蒋先生成年后最常用的名和字。而这两个名字都出自《周易》的豫卦,豫卦的六二爻辞:"介于石,不终日,贞吉",意思是夹在石头缝中,幸亏不到一天就得救了,坚守正道吉祥。而六二爻的小象辞是:"不终日,贞吉,以中正也",意思是不到一天就得救,坚守正道,因为是六二爻处于下卦的中位,又是阴爻居阴位,因此这个爻是中正的。至于蒋介石为什么以豫卦取名,目前尚无权威的说法。有趣的是有人以爻辞中的"不终日"为依据,预示蒋介石因为这个名字而无法在抗战中终结日本,需要美苏帮忙。此等说法实在无从考据,只当饭后谈资而已。

十、循环往复:既济与未济卦

水火既济卦和火水未济卦分别是《周易》六十四卦中最后两个卦。既济卦的意思是事情初见成功,亨通吉利,但如稍有不慎,可能将导致混乱并最终发生变故。未济卦与既济卦的意思正好相反,既济以渡水已过比喻事已成,未济以渡水未成比喻事未成。未济卦象征事有未竟之意,阐明了"物不可穷"的道理。因此《序卦传》中云:"物不可穷也,故受之以未济终焉。"未济卦和既济卦互为综卦,两两相应,既济卦的六爻均为阳爻处阳位、阴爻处阴位,即全部六爻都当位;而未济卦六爻均阳爻处阴位、阴爻处阳位,爻全部不当位,这种情况也是《周易》六十四卦中绝无仅有的。

很多读者不明白,《周易》六十四卦,为什么未济卦排在既济卦之后而不是排在既济卦之前? 这与传统上"有始有终"的观念相悖。然而《周易》有它自己的道理,天之道阴阳反复,循环不已,物质不断的产生、运动、发展、鼎盛、消亡,而后又产生、运动、发展、鼎盛、消亡……使世间万物循环往复、不间断地向前发展。《周易》中的第一卦乾卦到第六十三卦既济卦,寓意着一个事物的全过程,然而走完这个全过程却不是意味着事物的完全停止或终结。第六十四卦的未济卦就是新的事物的出现,新的全过程的开始。循环往复,生生不息,这就是《周易》告诉人们的天之道。

明朝末年,朝政腐败,宦官专权,天灾人祸,民不聊生,闯王李自成在陕北揭竿而起,率领农民军东征西讨,提出"均田免赋"等口号,获得民众的支持,农民军迅猛发展至百万之众,占领西部北部大片土地。1643 年,李自成农民军在河南汝州决战中一举歼灭明军主力,乘胜攻取西安,随后建立大顺政权。不久又率农民军以摧枯拉朽之势一路东进,兵不血刃攻克北京,明朝皇帝崇祯在煤山自缢身亡,明王朝覆灭。至此,李自成和他的农民军大功告成,只要挟雷霆之势,进一步安定民心,整肃朝纲,乘胜追击,盖世伟业指日可期。这就是《周易》从"既济"到"未济"的道理。然而,面对明朝仍有南方的半壁江山尚未征服,东北关外的清势力日益壮大,北方各地百废待兴的局面,李自成的农民军却被胜利冲昏头脑,庞大的军队进入北京城后便以为革命已经成功,天下可传檄而定,于是刀枪入库,马放南山。开始贪图享受,花天酒地,同时又烧杀抢掠,严刑拷掠官员商贾,搜刮北京城内的金银财宝。导致城内尸横遍野,民心惶惶,大顺农民军民心尽失。远在山海关的明军大将吴三桂得知大顺军拷打明朝官员追赃之事,大失所望。又获知自己父亲也被拷问,爱妾陈圆圆也被强夺,愤怒至极,"冲冠一怒为红颜",决定向关外借兵对抗大顺。李自成始料未及,仓促领兵出征,在山海关一片石遭遇吴三桂和清兵的双重夹击,农民军惨败,不久退出北京城。李自成农民军从占领到退出北京城,前后仅仅两个月时间。后来在清军的追击下节节溃败,大顺政权终于灭亡。

《周易》既济卦与未济卦的意义,可谓大矣!

● 第二篇　易经思维概论

第六章　思维、哲学、科学、迷信简述

　　思维是人接受信息、储存信息、加工信息以及输出信息的活动过程，是人类精神活动的主要方式，它以直观感知所获得的信息为基础，利用已具备的知识和经验，进行探索、分析和概括，形成概念、推理和判断，这个心理活动过程即为思维。思维有广义的和狭义的两种概念：广义的思维是人类对客观现实概括的、间接的反映，它探索与发现事物的内部本质联系和规律性，包括逻辑思维和形象思维；而狭义的思维专指心理学意义上的逻辑思维。

　　易经思维是易经反映和揭示世间万物现实和规律的一种思维模式，它是以形象思维为主，逻辑思维为辅，综合采用归纳和推演的方式对事物和规律进行描述和分析的辩证方法。易经思维既是哲学思维又是科学思维，当然也有人把它认定为迷信思维。那么我们来看看哲学、科学、迷信的定义。

　　"哲学"一词是古希腊人2 500年前创造的术语，是系统化理论化的世界观，是关于自然知识、社会知识、思维知识的概括和总结，主要研究自然、社会和人类思维发展的最普遍、一般的本质和规律。

　　"科学"一词是400多年前欧洲人创造的术语，是研究自然界物质的现象和发展规律的学术规范，科学是一种反映客观事实和规律的学问和知识，是一种特殊的认知活动。百度百科对"科学"的定义是：科学，分科而学的意思，后指将各种知识通过细化分类（如数学、物理、化学等）研究，形成逐渐完整的知识体系。它是关于发现发明创造实践的学问，是人类探索研究感悟宇宙万物变化规律的客观知识体系的总称。科学是一个建立在可检验的解释基础之上并对客观事物的形式、组织等进行预测的有序的知识系统。科学的重要特点：可重复验证、可证伪。

　　科学发端于西方，是西方近现代文明的重要组成部分，它是近现代西方文明脱胎换骨、超越东方文明的基础。科学影响着人们的思维模式，尽管科学还不能解释和解决自然界和社会的所有问题，还需要哲学等其他文化的思维体系，但科学已经被当今世界公认为主流的思维方式。

　　哲学与科学的关系是一般和个别、理论和实践的关系，二者互为联系，互相促进。研究科学离不开哲学的思维，研究哲学也要用科学的方法。二者是不同的学科，又有着不可分割的联系。科学与哲学的区别在于：哲学是研究思维和存在、意识和物质的关系，主要研究方式是思考；科学是研究物质与其存在形式的关系，主要研究方式是实验或调查验证。著名科学家钱学森把现代科学分为自然科学、社会科学、数学科学、系统科学、思维科学、人体科学、军事科学、文艺理论及行为科学，共计九个门类。

　　迷信是指人们对事物盲目信仰或崇拜。人们由于没有足够的知识积累或判别能力，对事物本质分辨不清，但又毫不怀疑地相信、甚至到崇拜的地步。"迷信"的含义更多的倾向于"盲目的相信、不理解的相信"。

　　与迷信对立的就是科学。科学是一种允许自我证伪的动态开放的可靠方法，讲究的是形式逻辑和证据，可以重复验证；而迷信是无条件接受，不允许质疑、没有形式逻辑，不需要可靠证据，无法重复验证，是盲目相信。

　　当代社会有部分人一提到易经就认为它是迷信，其实他们可能没学过易经或者根本不懂易经。毛泽东主席说过："没有调查研究就没有发言权。"不知道易经讲的是什么就断定易经是迷信？这种处事态度本身倒可以称作一种迷信。

　　东西方社会在人类的历史上走过了几千年的时间，各自产生和发展了自己的思维体系与方法论，它们殊途同归，构成了地球的人类文明。中国是四大文明古国之一，传统文化源远流长，中华传统文化的思维体系以孔孟之道与老庄哲学占主流地位。西方的思维体系鼻祖是古希腊哲学体系。而孔孟之道与老庄哲学均源于易经的思维。易经思维和古希腊哲学思维引领着东西方文明的发展。有了思维体系还需要有方法论去付诸实践。对于西方思维，方法论就是科学，科学引领西方文明在近代一举超越东方文明。而中国古代直至近代的方法论则与科学擦肩而过，相较西方而言逊色不少。虽然不能说中国没有科学，古代中国人在科学领域也取得过辉煌的成就，汉语中与"科学"意思相近的词应该是"格物"。国学大儒朱熹在《大学》的注解中说："致知在格物，物格而后知致""所谓致知在格物者，言欲致吾之知，在即物而穷其理也"。朱意对"格物"下的定义其实也基本类似科学的定义。但总体而言，中国的科学发展缓慢，尤其是到了近代严重滞后于西方。

　　20世纪初，西方著名学者李约瑟（Joseph Needham，1900—1995，见下图）在其编著的《中国科学技术史》中提出著名的"李约瑟之问"：尽管中国古代对人类科技发展做出了很多重要贡献，但为什么科学和工业革命没有在近代的中国发生？李约瑟一语中的，指出中国古代先进的思维体系因为缺乏先进的方法论、缺乏科学支撑而停滞不前。笔者认为这也与易经文化的发展兴衰有着潜在的联系。易经哲理性的思维体系在中国古代取得辉煌成就，引领中华文明的发展，然而易经中的方法论却鲜有被科学的挖掘、研究和归纳总结。虽然现代科学家们也做了不少努力，比如数学家从《周易》中发现了二进制的计算方法，天体物理学家从《周易》中发现了宇宙模型，天文学家们从《周易》中发现二十四节气，生物学家从《周易》中发现生物进化模式，人体科学家从《周易》中发现人体生物时钟，生物化学家从《周易》中发现遗传密码与八卦的关系。但这些研究都没有

李约瑟

（来源：腾讯网）

全面准确深入的归纳和发展《周易》的科学方法论，反而是古老的占卦术发展至今仍然是《周易》最主要的方法论之一，令人扼腕叹息。

笔者期待在不久的将来，未来的易学者们能仿效古代先贤们编著出《十翼》来完善易经的思维体系那样，研究出完善易经科学方法论的"新十翼"巨著。

第七章 易经的思维体系综述

易经思维是易经反映和揭示世间万物现状和变化规律的一种思维模式。有文献把易经思维定义为以形象思维为主,逻辑思维为辅,综合采用归纳和推演的方式对事物和规律进行描述分析的辩证思维方法。易经思维博大精妙、深邃宽广,对修身、齐家、交友、创业、管理等都有重要的启示作用。

易经的思维体系归纳起来,主要包含如下思维:

1. 中和思维;

2. 对立统一思维;

3. 五行生克思维;

4. 三易(变易、不易、简易)思维;

5. 天人合一思维;

6. 仁义道德思维。

第一节 易经的核心思维: 中和

读者是否还记得 2008 年北京奥运会开幕式,其中有个节目是全场表演人员在鸟巢体育中心排列组合成两个大大的"和"字队形,向全世界传达中国人从古到今的人生观和世界观(见图 7-1)。

综观《周易》全篇可以发现,《周易》始终最为强调的是中和思维,中和也是中国传统文化的核心思想。中即中正、平衡、不偏不倚;和即和谐、和平、阴阳调和。"中和"一词没有在《周易》中出现,应该是后来孔子或孔门弟子对《周易》思想的总结。"中和"最早见于四书中的《中庸》:"中也者,天下之大本也;和也者,天下之达道也。致中和,天地位焉,万物育焉。"中

图 7-1　2008 年北京奥运会开幕式上的和字队形

(来源：央视网)

和思维用现代语言方式表述就是在观察、分析、研究和处理问题时注重事物本身及发展过程中各种矛盾关系的和谐、平衡状态,运用不偏执、不极端的思维方法。

一直以来,儒学倡导的人生准则是中庸,它是一种宇宙观、方法论和道德境界。庸即平常、平和、有用的意思。古往今来,中庸思想一直在深刻影响着中国的儒家文化。实质上,儒家的中庸思想发端于《周易》的中和思维,而且两者的意思也基本相同。

关于"中和",节录以下《周易》中的文字予以佐证。

《系辞传》："圣人设卦观象,系辞焉而明吉凶,刚柔相推而生变化。"其中衍生出的成语"刚柔相济",意即刚强的与柔顺的事物互相调和补充,使之恰到好处而发展,这即为和的理解。

乾卦(䷀)的上九爻辞"亢龙有悔",是说龙飞至高位极限,处于既不能上升,又不好下降的两难之地,以致后悔,由此有"物极必反,由盛转衰"的寓意,也是强调不能走极端,而要"中"的意思。

谦卦(䷎)的大象辞："君子以裒多益寡,称物平施。"这句话包含了两条成语："裒多益寡",意思是说从多的一方分出一部分,补给少的一方;"称物平施",意思是说称量物质的分量,平均分配于人。两条成语都寓意着中和的思维。

节卦(䷻)中云："当位以节,中正以通。"节为节制的意思。节制是事物发展的一个重要因素。从卦画上看,节卦上为水,下为泽,泽对水有节制、包容作用,但水太多就会从泽中溢出,因此需加以节制。另外在未济卦(䷿)有"饮酒濡首,亦不知节也",意思是喝酒太多而失态,缺少节制。这也是强调做事不能极端化,而应有"中"的思维。

家人卦(䷤),家人就是一家人的意思。上卦为巽为风,下卦为离为火,下卦六二爻为阴位,象征女子主内;上卦九五爻为阳位,象征男子主外。《家人·彖传》曰:"女正位乎内,男正位乎外,男女正,天地之大义也。"女主内,男主外,这就是中正的意思,男女皆在中正之德。

另外,《周易》中直接提到"和"的地方很多,部分列举如下,《系辞传》:"履,以和行";《说卦传》:"和顺于道德";《文言传》:"利者,义之和也";咸卦彖辞:"天地感而万物化生,圣人感人心而天下和平";夬卦彖辞:"健而说,决而和"。

前文在"卦和爻"的章节中介绍过爻位的中正之说,按照爻位理论,每卦六爻分内、外卦,内卦三爻、外卦三爻,第二、第五爻分别位于内外卦的中位。因此二、五爻被称为"得中",如果二、五爻位是阳爻居阳位、阴爻居阴位的话,即为"中正""得正"。《周易》的各个卦爻中,凡是得中得正者,基本都属于吉祥吉利的一类。如乾卦的九五爻辞曰:"飞龙在天,利见大人"、坤卦的六二爻辞曰:"直方大,不习,无不利。"此两爻均居中位,又是阳爻居阳位,阴爻居阴位,故爻辞吉利。

除了《周易》的文字中反映出中和思维以外,易经的先天八卦和后天八卦图中也暗含着中和思维。参见前文图 2-5 的先天八卦图和后天八卦图,八卦分为四组,两两相对。为什么这么排列?《说卦传》介绍:"天地定位,山泽通气,雷风相薄,水火不相射。"这里反映出先天八卦的四组两两相对的平衡和谐状态。两两相对的卦不仅互为阴阳,如乾(天)卦阳、坤(地)卦阴,艮(山)卦阳、兑(泽)卦阴;而且两两相对的卦属于两个极端,天(乾)与地(坤)相对,水与火相对。但它们统一在一个系统中,互相调和平衡,代表世间万物。另外,两两相对的先天八卦数之和均为九,如乾一加坤八为九、艮七加兑二为九。在后天八卦图中也一样体现了这种和谐平衡的思维。后天八卦两两相对的卦也互为阴阳,卦数之和也均为十,读者可以自行去核算。

也许有人对"中和"之"中"与"和"的区别不是很清楚,笔者的理解是:

"中"是指个人自身所采取的行为准则,"和"则是人与人及外部事物(如环境)之间遵循的行为准则。

第二节　易经的对立统一思维：太极、两仪、四象、八卦、六十四卦

易经古老而又朴素的哲学思维,是以阴阳辩证的思维方法解释宇宙万物既对立又统一的变化规律,与马克思主义的唯物辩证法思维异曲同工。唯物辩证法的三大规律(对立统一、量变质变、否定之否定),在易经中都有明确的体现。对立统一是易经重要的哲学思维之一。现代著名学者郭沫若在《周易时代的社会生活》一文中用辩证唯物主义的观点探讨《周易》的哲学思维,指出易经的根本是阴阳两性的对立,万事万物都是由这样的对立而生成,宇宙充满了矛盾,矛盾是相辅相成的,遵循一定的规律产生出变化。

《系辞传》云:"是故易有太极,是生两仪,两仪生四象,四象生八卦。"这句看似简单的话是对易经对立统一思维的总结。意思是易经认为宇宙最初是太极,然后由太极生出阴阳两仪,再由阴阳两仪通过互相感应生出四象(太阳、少阳、太阴、少阴;其中太阳、太阴也称老阳、老阴),再由四象生出八卦。而在这不断的变化发展过程中,对立统一思维始终贯穿其中。

图 7-2 即为太极两仪四象八卦图。

一、太极生两仪

太极是无穷无尽的意思,是天地混沌、阴阳未分时的状态,是宇宙的初始,派生万物的根源,一切生死、生长、旺衰均由太极演变而来。朱熹认为:"太极,理也;动静,气也。"《汉书·律历志》说:"太极元气,函三为一。"认为太极即是元气。郑玄对于太极的解释是:"极中之道,淳和未分之气也。"也认为太极是一种原始的未分化的气。张载认为太极为气,为包含对立的总体,北宋哲学家张载在《正蒙·参两篇》中说:"天所以参,一太极两仪而象之,性也。""一物两体,气也。"太极即是对立的统一,太极即是气的全体。可见,我国历代先贤多认为太极为气。因此,《易传》中的

八	七	六	五	四	三	二	一	
坤	艮	坎	巽	震	离	兑	乾	八卦
太阴		少阳		少阴		太阳		四象
阴				阳				两仪

■视为 ▬ □视为 ▪▪ **太极**

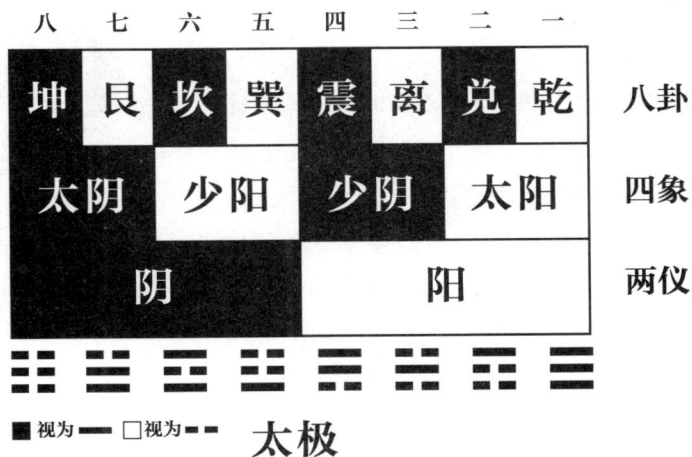

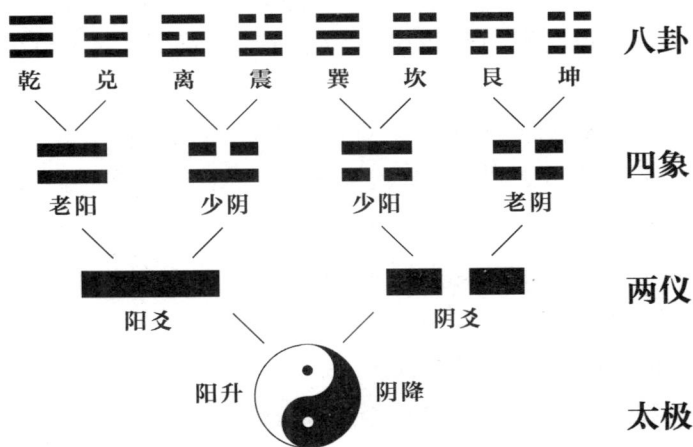

图 7-2 太极两仪四象八卦

(绘图: 傅瑞学)

太极学说可以说是一种唯物主义的世界起源论。太极理论与现代科学关于宇宙产生的认识具有惊人的巧合性,现代科学认为宇宙原为一个温度极高、密度极大的原始粒子,经过大爆炸才分化产生了今天的世界。

图 7-3 是北宋陈抟作的太极图,完美地揭示了太极的含义,形象化地表达了阴阳轮转、相反相成是万物产生变化根源的哲理。太极分为阴阳(黑白),阴中有阳,阳中有阴,千变万化,阴阳合而为太极。太极图看上去

像是由黑白两条鱼首尾相接而成,黑中有一个白点、白中有一个黑点,寓意阴生阳、阳生阴,你中有我、我中有你,即相反又相成、相互转化的自然状态。宋代易学家周敦颐在《太极图说》生动地描述了这一状态:"无极而为太极。太极动而生阳,动极而静。静而生阴,静极复动。一动一静,互为其根。分阴分阳,两仪立焉。阳变阴合,而生水火木金土,五气顺布,四时行焉。"

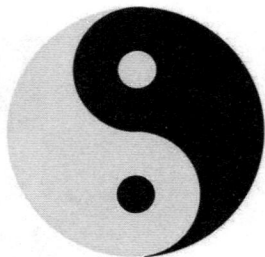

图 7-3 太极图

太极是一个相对的概念,既有无穷无尽的含义,也有中心的含义。这个中心可以无穷大,也可以无穷小。宇宙是个太极,原子也可以是个太极。太极具有不同视角下的多样性、多层次性。正如我们现在说的中国梦,大到国家,中到单位,小到家庭、个人,都有不同层次的中国梦。

太极生两仪,两仪就是阴和阳。"两仪"一词在古文中是"两种仪态"的意思。仪即仪态,表示上古人们对宇宙万物模糊又抽象的认识。这种观测依据的是日月的交替和四季的变化,古人由此而产生阴阳的概念。

"太极动而生阳,动极而静,静而生阴,静极复动。"关于阴阳,除了平常意义上的理解外(如白天、男人为阳;黑夜、女人为阴),还应这样理解:凡运动的、积极的、向上的等都为阳,用符号表示即为阳爻(—);凡安静的、保守的,向下的等都为阴,用符号表示即为阴爻(--)。宇宙万物都可分阴阳,阴阳是事物对立统一的两个方面。《庄子·天下篇》:"易以道阴阳",《系辞传》:"一阴一阳之谓道",孤阴不生,独阳不长,阴阳相合方为道。阴阳不仅抽象地代表所有事物,同时它也是观察和分析所有事物的总纲。

古人用一张简洁的太极图生动体现了太极生出的阴阳两仪之间的关系:阴阳对立,阴阳互根,阴阳消长,阴阳转换,阴中有阳,阳中有阴。具体的内容在很多书籍中都有详细介绍,有兴趣的读者可以查阅参考文献作进一步了解。

二、两仪生四象

太极生阴阳两仪,阴(- -)与阳(一)继续发展变化,阳与阳、阴与阴、阳与阴、阴与阳互相发生关系,分别产生出四种类象,古人称之为四象,即太阳(也称老阳)、太阴(也称老阴)、少阳、少阴,见图 7-2。"四象"即四种类象,象即类象、形象。

四象也代表着一年四季,阳为热、阴为冷,因此少阳代表春季,太阳代表夏季,少阴代表秋季,太阴代表冬季。

四象也代表着四个方位,阳为热,我国处于北半球,南方最热,因此:太阳为南方;北方最冷,因此太阴代表北方;东边暖、西边凉,少阳代表东方,少阴代表西方。

古人也把四象与远古星宿联系起来,以青龙、白虎、朱雀、玄武,分别代表东、西、南、北四个方向上的群星,也称四神、四灵。也有文献记载为龙、凤、麒麟、龟四种灵物。

图 7-4 为四象与时空对应图,如太阴对应于北方和子时、太阳对应于南方和午时。

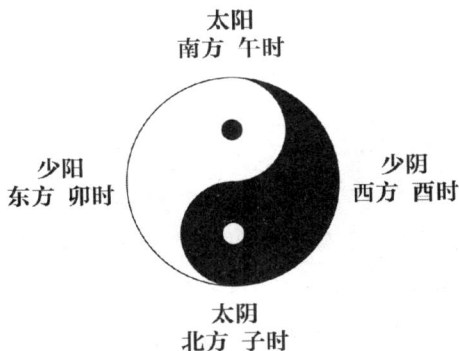

图 7-4　四象时空对应图

(绘图: 傅瑞学)

四象学说有助于古人认识客观世界,它是易经对立统一思维体系中承上启下的一个重要环节,上承阴阳,下启八卦。

三、四象生八卦

四象再继续演变就产生出八卦了。由于阴阳不断变化并互相作用，在四象的基础上又生成了新的阴阳组合，见图 7-2。太极是初始，阴阳是一维空间（—、- -），四象是两维空间，八卦则是三维空间。

太阳为两根阳爻，如再加一根阳爻则组成三阳（自下而上），即为乾（☰）；太阳如再加一根阴爻则为两阳一阴，即为兑（☱）。

太阴为两阴，如再加一阴组成三阴，即为坤（☷）；太阴如再加一阳则组成两阴一阳，即为艮（☶）。

少阳为一阴一阳（自下而上），如上面再加一阳则为一阴一阳一阳（自下而上），即为巽（☴）；如上面再加一阴则为一阴一阳一阴，即为坎（☵）。

少阴为一阳一阴，如上面再加一阳则为一阳一阴一阳，即为离（☲）；如上面再加一阴，则为一阳一阴一阴，即为震（☳）。

至此，完成了三维的八种阴阳组合：乾、兑、离、震、巽、坎、艮、坤——"八卦"因此而生，这个过程则称为"四象生八卦"。八卦中，乾代表天、兑代表泽、离代表火、震代表雷、巽代表风、坎代表水、艮代表山、坤代表地。

四、八卦推演六十四卦

伏羲创八卦，八卦即成，古人已可用它初步解释世间事物的产生、发展、灭亡及其规律。但由于八卦仅有八个类象，仍显过于简单，尚无法解释较为复杂的事物。因此才有周文王将八卦继续推演为六十四卦。六十四卦即为将八卦两两重叠，前面章节做过介绍，这里不再赘述。图 7-5 是以八经卦为检索项的六十四卦速查表，此图方便以卦象查找卦。

无论是六十四卦、八卦还是四象皆由阴阳二仪组成，太极动生阴阳，因此，世间天地万物归根结底不过一阴一阳而已！"一阴一阳之谓道"，这就是易经的对立统一思维。

上卦 下卦	乾☰	兑☱	离☲	震☳	巽☴	坎☵	艮☶	坤☷
乾☰	乾为天	泽天夬	火天 大有	雷天 大壮	风天 小畜	水天需	山天 大畜	地天泰
兑☱	天泽履	兑为泽	火泽睽	雷泽 归妹	风泽 中孚	水泽节	山泽损	地泽临
离☲	天火 同人	泽火革	离为火	雷火丰	风火 家人	水火 既济	山火贲	地火 明夷
震☳	天雷 无妄	泽雷随	火雷 噬嗑	震为雷	风雷益	水雷屯	山雷颐	地雷复
巽☴	天风姤	泽风 大过	火风鼎	雷风恒	巽为风	水风井	山风蛊	地风升
坎☵	天水讼	泽水困	火水 未济	雷水解	风水涣	坎为水	山水蒙	地水师
艮☶	天山遁	泽山咸	火山旅	雷山 小过	风山渐	水山蹇	艮为山	地山谦
坤☷	天地否	泽地萃	火地晋	雷地豫	风地观	水地比	山地剥	坤为地

图 7-5　六十四卦卦名速查表

第三节　易经的五行生克思维：金水木火土

前面章节曾介绍,古人认为世间万物由五种物质构成,这五种物质即为金水木火土。这就是五行学说,是古代中国人提出的一种哲学思想,以天地间的五种物质金、水、木、火、土,作为构成宇宙万物及各种自然现象变化的基本元素。宇宙中万物的发展、变化都是这五类不同属性的物质不断运动和相互作用的结果。

更重要的是,五行之间存在着多种复杂的关系:生、克、制、化、泄、耗、刑、冲、合、害。其中最主要的是相生相克关系(见图 7-6)。在之前关于五行介绍的章节中,我们简介了五行之间的相生相克关系。相生就是一种物质对另一种物质具有生长、滋养、促进和助长的作用;相克就是一种物质对另一种物质具有克制、降服、约束和抑制的作用。五行生克即金克木,木克土,土克水,水克火,火克金;金生水,水生木,木生火,火生土,土生金。五行生克思维虽然没有在《周易》中直接体现出来,但五行与阴阳、八卦、天干地支等都有密切的关系,可以说是世间万物的枢纽,在易经后来的释义文献以及易经的诸多应用体系中五行生克都作为基本理论之一。因此,五行生克思维也是易经的一个重要思维。

图 7-6　五行生克图

五行生克思维与现代诸多学科理论极为相似,如生态平衡理论、社会阶层平衡理论、家庭关系理论等。五行五种物质之间是一种动态平衡关系,任何一种五行都不能过于衰弱,也不能过于旺盛。一物生一物,一物克一物,没有最强者,也没有最弱者,事物在相生相克中的辩证关系中才能得到发展。否则,平衡就会被打破,系统就会产生混乱。

举个例子,五行金水木火土之中,如果金过于衰弱,就不能克制木,则木会过于旺盛,导致土受到过多的克制,土受克则不能有足够的力量克制水又导致水泛滥,五行平衡就被打乱。五行平衡理论用于家庭、社会等其他方面也是一样有道理的。例如一个家庭中,父母生育子女、爱子女,即为五行中生的关系,但如果父母过于溺爱子女,导致子女反而不能健康的发展,这种过于旺盛的爱就会产生反作用,阻碍子女的健康发展。关于五行生克,古人总结了以下一段话非常重要,需要我们理解掌握。

金赖土生,土多金埋;土赖火生,火多土焦;火赖木生,木多火炽;木赖水生,水多木漂;水赖金生,金多水浊。

金能生水,水多金沉;水能生木,木多水缩;木能生火,火多木焚;火能生土,土多火晦;土能生金,金多土弱。

金能克木,木坚金缺;木能克土,土重木折;土能克水,水多土流;水能克火,火炎水灼;火能克金,金多火熄。

金衰遇火,必见销熔;火弱逢水,必为熄灭;水弱逢土,必为淤塞;土衰逢木,必遭倾陷;木弱逢金,必为砍折。

强金得水,方挫其锋;强水得木,方缓其势;强木得火,方泄其英;强火得土,方敛其焰;强土得金,方化其顽。

第四节　易经的三易思维：变易、不易、简易

易经,英文翻译为"Book of Changes",直译为"变化的经书",易经本质上就是研究万事万物的变化规律。东汉著名易学家郑玄在《易论》中所言:"易一名而含三义:易简一也,变易二也,不易三也。"易经中包含着三个有关变化的重要原则,即"变易""简易""不易",这也是易经的三易思维。研究易经需要弄清楚这三个原则(见图7-7)。

图 7-7　易经的三易思维

一、变易

易经认为,宇宙中的万事万物都是在变化的,没有绝对不变的,变化是永恒的,这就是变易。古希腊著名哲学家赫拉克利特有句名言:"人不能两次踏进同一条河流",这就是在阐述变易的哲学思维。他形象地把存在的物质比作一条河,声称人不能两次踏进同一条河是因为当人第二次踏进这条河时,河里是新的水流而不是原来的水流。赫拉克利特用非常简洁的语言概括了他关于运动变化的思想。在他看来,宇宙万物没有什

么是绝对静止和不变的,一切都在运动和变化。这和易经的变易思维有异曲同工之处。

《周易》的六十四卦,每个卦都有六个爻,从一爻到六爻本身就代表一个动态的变化过程,其卦辞、爻辞也都体现着变易的思维。而易经衍生的绝大多数占卜方法,几乎都要用到"变爻"的概念,即其中一个或多个爻在占卜的过程中发生了变化,以此变爻为重要依据预测事情的发展趋势,这也是易经变易思维的体现。

二、不易

宇宙中的万事万物虽然是不断变化的,但都遵循着一定的规律而变化,这个规律是自然的法则,是不变的,这就是不易。老子在《道德经》中说:"人法地,地法天,天法道,道法自然。"讲的就是无论是天、地、人,都存在一定的法则可以遵循,这个法则就是道,这个法则是自然界的固有规律,不以人的意志而改变的。

太阳从东边升起西边落下、月亮有阴晴圆缺、树木花草一岁一枯荣等,这些规律都是不会改变的。还有,时间虽然是在不断地变化,一年一年的过去,每年都不一样,但一年之中都要经历春夏秋冬四个季节的规律是不变的,这个规律也是可以被人类掌握的,这就是不易。

三、简易

宇宙间的万事万物,虽然在不断地变化发展(变易),但都有一定的规律可以遵循(不易),事情虽然看起来错综复杂,难以解决,但易经认为万变不离其宗,把握总结事物的固有规律,将复杂的事情简单化,这就是简易。

在易经体系中,简易思维体现在将万事万物都纳入六十四卦、五行、阴阳等之中。世间万物何止百千万种,然而易经只用六十四个符号就包罗万象,五行只有五种元素就能组成万物,不可不为简易。无论事物如何变化,无论变化的法则何其复杂,一旦人们掌握了原理,掌握了规律,事情就变得简单了,问题就可以解决了。因此可以看出,易经的简易思维何等重要。

人类是在不断进化之中，目前的人类智慧还不足以总结世间万物所有的规律，还不足以解决人类面临的所有问题，因此需要简易这个方法论。

《系辞传》云："乾以易知，坤以简能，易则易知，简则易从。"这句话的意思为不必把易经的法则看得太难，它其实应该是简单易懂的。现在许多人一接触易经，多以神秘、晦涩难懂而定义它，其实我们认为这不是易经的本意。所谓"大道至简"，越是高深的思想，越要应用简易的思维去解释它。《周易》本应该是这样一部著作。最深奥的道理，其实也应该是最平凡的道理，这就是简易思维的体现。

辩证唯物主义认为：世界是物质的，物质是运动的，运动是有规律的，规律是可以认识的，认识是发展变化的。这与易经的变易、不易、简易思维殊途同归。

第五节　易经的天人合一思维：
天地人三才与宇宙全息

本篇总结的易经"天人合一"思维包括两个部分：其一是关于天道、地道、人道的三才论；其二是作为易经占卜重要理论依据的宇宙全息论。本质上，两部分思维都是基于同一个唯物辩证法理论：世界是普遍联系的。

一、天人合一与天地人三才

天人合一，就是人类与自然界之间是相互联系，不可分割的，是协调统一的关系。这个思维发端于易经，后来是由庄子明确阐述的，再由汉代大儒董仲舒发展为"天人合一"的哲学思想体系。

《系辞传》云："古者包牺氏之王天下也，仰则观象于天，俯则观法于地，观鸟兽之文，与地之宜，近取诸身，远取诸物，于是始作八卦，以通神明之德，以类万物之情。"又云："易之为书也，广大悉备；有天道焉，有人道焉，有地道焉。兼三才而两之，故六。"易经认为，宇宙是一个整体，天地人是宇宙的三个组成部分。"天"就是日、月、风、雨、雷、电等天空自然之象的统称；"地"是指山、河、草、木、地等处于地球之物的统称；"人"是指有主观能动性的人类，也指与人相关的人事活动。人处于天地之中，与天地融为一体，天道地道影响人道，人道反作用于天道地道。人不仅具有生物属性，也具有社会属性。因此，天道、人道、地道便产生了无处不在的联系，相互影响、相互渗透、相互融合。这就是易经"天人合一"的思维，它很早就在《周易》中有体现，包含着朴素而精辟的哲学思想。

《周易》六十四卦，每卦由六爻组成，上面两爻代表天，下面两爻代表地，中间两爻代表人。这也正是象征"天地人"并存的一个整体，即"天人合一"的宇宙模式。易经强调三才之道，将天、地、人结合在一起，将人放在中心地位，这就说明人的地位之重要。天有天之道；地有地之道；人有人之道。老子在《道德经》开篇说："道可道，非常道。名可名，非常名。无名天地之始，有名万物之母。"《说卦传》指出说：天道曰阴阳，地道曰柔刚，人道曰仁义。天地人三者既各有其道，又相互联系。

天人合一的思维，含有人与自然和谐共存的思想，人与自然相互影响、相互依存，任何违背自然法则，破坏人与自然关系的行为，都会受到大自然的惩罚。当今的环境污染、自然灾害频发、生态失衡，都是大自然对人类短视利益行为的惩罚。天人合一思维就是告诫人们要遵守自然法则，人与自然要和谐共存。

现在的人们经常讲，凡成事者需要具备三个条件：天时、地利与人和。这也是易经天地人三才论的延伸，我们会在后面章节作详细阐述。

易经阐述的是人、社会和自然相处的基本道理。它以天、地、人三位一体的整体思维方法去认识处理人的精神和物质活动与自然界的一切关系和变化。《周易》中的哲理就是注重符合天道的内心世界的追求和主体意识的培养。从孔子的"仁"，到孟子的"义"，再到董仲舒的"仁义礼智信"，最后到王阳明的"致良知"，遵循的都是这一思维。

二、宇宙全息——占卜的重要理论依据

什么是宇宙全息？它的基本原理是：任何一部分都包含着整体的全部信息。即在宇宙的一个统一整体系统中，各部分之间不是孤立的，而是全息关联的。各部分与系统、系统与宇宙之间在物质、时空、能量、精神等

领域信息对应。简言之,部分与整体全部信息对应。再用通俗点的话说:人体自身各个部位之间,人与人之间,人与环境之间,人与宇宙之间,都有着一种信息相互对应的关系,也就是"天人感应"。《周易》认为,宇宙万事万物都是有联系的,宇宙间不存在独立的事物。事物间不但有联系,而且这种联系是有规律的。这就是易经的全息对应论的关键所在。宇宙全息思维也是天人合一思维的另一种表现形式。

众所周知的牛顿万有引力定律从物理学上证明了宇宙全息论的正确,而前几年风靡全球的生物克隆技术(CLONE)即是根据宇宙全息论这一哲学理论指导下的一项伟大发明。简单来说,就是动物身体包含体内所有器官的信息,而身体任何器官也包含整个动物的信息,因此仅从动物的一个或一群细胞入手,便可以再繁殖出这个动物。这就是克隆技术,是宇宙全息论最典型的应用证明之一。

宇宙全息论是易经占卜预测的科学理论基础之一,包括卦爻辞法、纳甲筮法、梅花易数法、奇门遁甲、大六壬、紫微斗数、风水、姓名学等预测体系。它们预测的原理都是基于宇宙全息论。世间万物,大到宇宙,小到一个细胞,它们的信息都是全息对应的。研究一个细胞,就可以推导整个宇宙;研究一座房子的风水,就可以推导房屋居住者的生活状态;研究一个偶然现象,就可以推导出一个必然结果。触类旁通,举一反三,宇宙全息论也是源自易经原理的中医治疗"头痛医脚"等观念方法的科学依据。

时空统一思维是易经中宇宙全息论的一个重要内容,在诸多占卜方法中有广泛的应用。所谓时空统一就是时间和空间是统一的,存在密切的联系,可以互相转化。一年、四季、十二个月、十二个时辰、二十四节气,这些都是时间的概念。东、南、西、北、东北、西北、东南、西南、中央,这些都是空间的概念。易经的时空统一是通过八卦和地支实现的,八卦和十二地支既可以表示时间,又可以表示空间方位。图 7-8 就是时空统一的全息关联图。以图中最上方的一组数据为例:图的最上方代表空间方位中的南方,同时也代表十二个月的五月,也代表二十四节气中的芒种、夏至(属于夏季),在八卦中即是离卦所在的位置,在十二地支中为午所在的位置,午既可以是方向也可以是时间:方向为南(午向)、时间为中午十一时至十三时(午时)。几千年前的中国先贤们就发现时间和空间是有关联的，而西方直到 20 世纪才产生了时空统一思维的相对论。

图 7-8　易经时空统一的全息图

（来源：千图网）

　　在易经的占卜体系中，时空统一是一个非常重要的应用思维，四柱命理学说认为：一个人如果五行喜水，那么他就适合在属于水的年、月、日去做事，如地支为壬、癸、子、亥等的年月日。如果做事时不在属水的时间，那么他或者可以等待，等到属水的时间再做事情；或者在方位上趋利避害，北方属水，可以在做事的时候纳入北方的因素，保证事情的顺利完成。

　　事物都是普遍联系的，宇宙就是由时间与空间组合成的世界，是一个无限大的时空网络。我们只要抓住时间或空间中的一个或一组信息，就可以关联出事物的整个信息。万事万物都不是单独存在的，都是相互对应的。一件事情的发生，往往预示着另一件事情的发生，就像科学家们所说的"蝴蝶效应"：太平洋东岸的一只蝴蝶扇动一下翅膀，就有可能在太平洋西岸引起一场台风。一个人改变了，必会影响与其相关联的所有事物，一件事情改变了,必将影响与其相关的所有人和事。我们都生活在一个全息社会之中,依据宇宙全息理论,易经的预测方法不仅是有根据的,而且是科学的,尽管有些易经预测原理我们迄今还不能用科学理论来给出完美的解释,但也恰恰因为此而不能武断地否定它。在易经的发展道路上如果能多运用科学的理论来阐释其原理,必将使易经焕发新的生命力。

第六节　易经的人道思维：仁义道德

《说卦传》云："昔者圣人之作易也,将以顺性命之理。是以立天之道,曰阴与阳；立地之道,曰柔与刚；立人之道,曰仁与义。"孔子等先贤们把人道的仁义与天道的阴阳、地道的刚柔并列看待,凸显了仁义在人道中的重要性,把仁义看作植根于人类本性的内在素质,立人之道就是仁义。在某种程度上说中华文化的本质就是仁义道德。

仁义是道德范畴的用语,关于仁与义的定义。儒家在《中庸》对仁与义作了定义："仁者人也,亲亲为大；义者宜也,尊贤为大。"把仁解释为对人要亲爱,尤其是亲爱自己的亲人；把义解释为与他人适宜的情感友谊,尤其是尊重贤者。以通俗的语言对仁义的解释可以是：仁是人与人之间相互爱护,互相帮助,义是人与人之间相互信任,互相负责。

《周易》中第一卦乾的卦辞："元亨利贞"。元亨利贞包含着大道至德的寓意。《文言传》有段描述："元者,善之长也。亨者,嘉之会也。利者,义之和也。贞者,事之干也。君子体仁足从长人,嘉会足以合礼,利物足以和义,贞固足以干事。君子行此四德者,故曰：乾,元亨利贞。"意思大致是：元是众善之首；亨是美好的汇聚；利是义的体现；贞是事物的根本。元亨利贞就是君子的四种道德。

关于道德这一词,历史上尽管有老子著《道德经》,但"道"与"德"原先是两个概念,并无"道德"一词。其中的"道"即"一阴一阳之谓道",指自然运行与人世共同的真理；"德"是指人世的德性、品行,是遵循道的规律而发展变化的。需要说明的是,尽管道德与德相比较："道"有客观规律的概念,"德"指所有人类社会行为规则。但古代著作中的"德"与"道德"本质上的内容区别并不大。

因此,《周易》中的"德"可以理解为道德,诸如成德之行、进德修业、俭德辟难,以懿文德、反身修德等理念。我们今天研究《周易》中的道德观,明晰它所阐释的道德范畴,目的是为了从中探索《周易》的传统道德价值,古为今用,以指导规范今人的行为。

仁义道德思维在《周易》中广有体现,而且应该是《周易》教化人们的真正目标所在,许多卦辞爻辞中都有直接或间接的涉及。据统计,《周易》六十四卦中有三十卦左右讲到君子德行的修养,《系辞传》中又有履、谦、复、恒、损、益、困、井、巽等卦,专题论述仁义道德修养的方法。尤其是在解释卦辞的大象辞中,《象辞传》中的大象辞格式大多是:"君子以……",后面的内容也多与仁义道德有关,如"地势坤,君子以厚德载物"。具体可参见易经中的"君子"一章。

易经中阐述的仁义道德思维是人道的真谛,也是人们做事成功的关键所在。事业的成功绝不是投机取巧、不仁不义取得的,而恰恰要依靠被一些所谓的"聪明人"视为迂腐过时的仁义道德。这里举一个例子:2011年11月2日,美国哈佛大学校园发生了一起罢课事件,世界著名经济学家格里高利·曼昆(Gregory Mankiw)在其著名的"经济学十讲"课上正准备开讲时,台下约70名学生起身离开,以"罢课"方式表达他们"对于这门经济学课程中根深蒂固的偏见的不满"。为了详细论述自己的罢课理由,学生们发出了一封《致格里高利·曼昆的公开信》。罢课者在信中表示:如果哈佛大学不能使学生们具备关于经济学之更广博与更具批判性的思考,他们(哈佛毕业生)的行为将会危及全球金融体系。近五年来的经济动乱已经充分证明了这一点。就在当天晚些时候,罢课者们加入了正在举行的"占领波士顿"活动的示威队伍,这个活动号称代表社会中的99%挑战1%的贪婪与腐败。这个事件的本质就是美国顶尖大学的商学院在传授给学生足够的经济和金融专业知识时,忽略了道德素质的培养,导致培养了一大批精致的利己主义者,他们唯利是图,不顾仁义道德,自己赚得盆满钵满,却让广大的社会民众饱受其害,长期后果是拖累了美国经济,终于引发了美国全国范围内的民众抗议。

以上是笔者总结的易经主要思维,当然易经还有其他他思维体系,但基本都包含在上述六大思维中。

第八章 易经思维与国学的传承

易经文化是中华文化之源,易经思维也启蒙影响了中国古代诸多学科门派。在百花齐放、百家争鸣的春秋战国时期,儒家、道家、法家、兵家、阴阳家等的思想都与易经思维有着不同紧密程度的关联。为了让读者更好地理解掌握易经的思维体系,学好易经,我们把易经与儒家的四书(《大学》《论语》《中庸》《孟子》)、道家的《道德经》、兵家的《孙子兵法》之间的文化脉络传承、思想关联作个分析比较。也借此,推动大家在学习易经的同时,也对四书五经及其他中国传统文化开启兴趣之门。读者读了四书等国学著作后,也会反过来对理解易经的深奥内容大有帮助。

第一节 易经与《道德经》

《道德经》是春秋时期思想家、哲学家老子的哲学著作,中国历史上最伟大的名著之一,是道家哲学思想的重要来源,被誉为万经之王(见图 8-1)。主要论述修身、治国、用兵、养生之道,对传统哲学、科学、政治、宗教等产生了深刻影响。据联合国教科文组织统计,《道德经》是除了《圣经》以外被译成外国文字发行量最多的文化名著。《道德经》分上下两篇,其中《道经》37 篇,《德经》44 篇,共 81 篇,5 000 字左右。

清代名人康有为说:"老子之学,只偷得半部易经。"《道德经》与易经有着极为紧密的联系,《道德经》中阐述的很多道家核心思想均出自易经或受易经的启发。

《道德经》与易经两者都强调太极起源、阴阳对立统一互根及转化的古代中国朴素唯物辩证法思想。前文已经对易经中关于太极、阴阳等哲学辩证思维多有论述,再看看老子在《道德经》中的有关论述:"道生一,

其心實其腹弱其志强其骨恒使民無知無 欲也使夫知不敢弗為而已則無不治矣
不上賢使民不爭不貴難得之貨使 盜不可欲使民不亂是以聖人之治
第三章
也夫唯弗居是以弗
也高下之相盈
萬物作而弗始
隨短也是以聖人
之相成也長短
有無之相生也難易
天下皆知美之為美惡
第二章
出異名同謂玄之又玄眾妙之門
也以觀其妙恒有欲也以觀其所徼兩者同
名萬物之始也有名萬物之母也故恒無欲
道可道也非恒道也名可名也非恒名也無
第一章
道德經

图 8-1　老子与道德经

（绘图：傅瑞学）

一生二，二生三，三生万物。万物负阴而抱阳，冲气以为和。"读者可对照前面介绍过的易经太极生阴阳两仪，两仪生四象，四象生八卦，八卦生万物的思想。

　　阴阳对立统一，相互转化，物极必反是易经的核心理念之一。道家传承了易经这一理念，进而提出祸福相依、物极必反的思想。《道德经》云："其政闷闷，其民淳淳；其政察察，其民缺缺。祸兮，福之所倚；福兮，祸之所伏。"

　　《道德经》和易经一样，也都极为推崇"道"。《道德经》开篇一句："道可道，非常道；名可名，非常名。"另外在二十五章中云："有物混成，先天地生。寂兮寥兮，独立而不改，周行而不殆，可以为天下母。吾不知其名，强字之曰道，强为之名曰大。大曰逝，逝曰远，远曰反。故道大，天大，地大，人亦大。域中有四大，而人居其一焉。人法地，地法天，天法道，道法自然。"可见，《道德经》对道的阐述与易经对道的阐述其实是从不同的角度揭示出非常类似的一个定义。

　　《道德经》还有其他许多内容与易经有极深的关联，读者可以在品读这两部著作的时候细细玩味。

　　《周易》本因儒家注释而成哲学巨著，因此也自然代表着儒家的主要思想。而作为道家代表的《道德经》中反映的主题思想也多与易经相同。易经就因此横跨儒学和道学我国古代两大主流学派的思想体系，是儒道两家共同的渊源。

第二节　易经与儒家四书

一、易经与《论语》

《论语》由孔子弟子及再传弟子编写而成，共二十篇，主要记录孔子及其弟子的言行，集中体现了孔子的政治主张、伦理思想、道德观念及教育原则等，是儒家学派的经典著作之一，与《大学》《中庸》《孟子》并称"四书"。论语全文约一万五千字左右。

《论语》主要记录的是孔子的言行，而《易传》也主要是孔子及其门人所作。那么《论语》与《周易》之间，自然存在在千丝万缕的联系，尤其是主要哲学思想。《论语·述而》说："子曰：加我数年，五十以学易，可以无大过矣。"可见孔子对易经的仰慕和重视程度，孔子以"述而不作"著称，只叙述和阐明前人的学说，自己不去无根据的创作，因此一生大部分研究时间用于发掘周代的文化。周代是中国历史中具有典范性的一个朝代，真正的封建体制、礼仪规范、多个学派的萌芽等均从周代开始。因此，《周易》和《论语》有着许多共通之处。

前面论述过，《周易》的主要思维是仁义道德，而《论语》中宣扬的理念也是"仁、义、礼"，《论语·颜回》："克己复礼，仁在其中。"《论语·里仁》："仁者安仁，知者利仁"，"苟志于仁矣，无恶矣"，"君子喻于义，小人喻于利。"《论语·卫灵公》："君子义以为质，礼以行之。"《论语·述而》："子曰：不义而富且贵，于我如浮云。"等等。

《论语》和《周易》都把人分成三类。《论语》中是圣人、君子、小人，《周易》中是大人、君子、小人。可见分类基本相同，而且描述的每种人的人格形象也基本相同。《论语》中的"圣人"如尧、舜、周公，孔子"不得而见"。而《周易》中的大人，如果能见到他是一件非常吉利的事情，即"利见大人"。《论语》和《周易》中的"君子"都是出现频率最高的人，也是两者共同的倡导,希望大家都向君子学习,都被称为君子;而"小人"则是《论语》和《周易》都批判的人格形象。从人格的阐述来讲,《论语》和《周易》是相通的。

《论语·季氏》:"益者三友,损者三友。友直,友谅,友多闻,益矣。友便辟,友善柔,友便佞,损矣。"这句话意思是有益的朋友有三种,有害的朋友有三种。结交正直的朋友,诚信的朋友,知识渊博的朋友,这是有益的。结交谄媚逢迎的朋友,结交表面奉承而背后诽谤人的朋友,结交善于花言巧语的朋友,这是有害的。此话是孔子源自《周易》中的损、益两卦的学习而作,强调的是损益之道。而《论语·子罕》有一句名言:"子在川上曰:逝者如斯夫! 不舍昼夜。"这句话阐述的哲理也是源自《周易》中的损卦的象辞"损益盈虚,与时偕行"。

据史料记载,《论语》主要是孔子的弟子曾参及曾参的弟子编撰而成的,曾参甚得孔子之道,与孔子、颜回、孟子一道,并称为"儒家四圣"。而从《论语》可以看出,曾参也继承了孔子的易学思想。例如,曾参以艮卦大象辞"兼山,艮,君子以思不出其位"来解释《论语》中的"不在其位,不谋其政"。

二、易经与《大学》

《大学》是一篇论述儒家修身治国平天下思想的文章,原是《小戴礼记》中的一篇,是中国古代讨论教育理论的重要著作。自宋、元以后,成为官方指定的教科书和科举考试的必读书。《大学》提出了对中国古代教育具有重要意义的"三纲领"和"八条目"。《大学》文辞简约,条理清晰,内涵深刻,影响深远,全文共两千字左右。

《大学》开篇第一句即是:"大学之道,在明明德,在亲民,在止于至善。"此即提出三纲领,而后便提出"格物,致知,诚意,正心,修身,齐家,治国,平天下"八条目。三纲领和八条目为《大学》全文的核心思想。可以看出,《大学》中体现的因果推演逻辑与《周易》乾卦六爻的六句爻辞条理有相似之处,前一个阶段是后一个阶段的原因和条件,后一个阶段是前一个阶段的结果和升华。

三纲领中的"在明明德"与易经的道德思维相通,"在亲民"("亲"同

"新",使人们弃旧图新的意思)与《周易》的革卦、鼎卦思想颇有渊源,正如成语"革故鼎新"源自杂卦的"革去故也,鼎取新也",都表达了相同的意义。八条目中的"诚意,正心"可参考《周易》的蒙卦象辞"初筮告,以刚中也。再三渎,渎则不告,渎蒙也。蒙以养正,圣功也。"正是讲诚意的细则。另外,《系辞传》说:"夫易,圣人之所以极深而研几也。"易是"极深研几"的学问。极深研几,寻本探源,是需要下功夫的,需要持之以恒,不懈努力。这也正是《大学》八条目中的"格物、致知"。

《大学》云:"君子有大道,必忠信以得之,骄泰以失之。"与《周易》的乾卦上爻辞"亢龙有悔",谦卦的象辞"谦谦君子,卑以自牧也"有着相同的寓意。

《大学》中透出易经思想的语句有很多,这里仅举若干例子,读者可以读读仅有两千字左右的《大学》全文,以此比照《周易》的内容。

三、易经与《中庸》

《中庸》是一篇论述儒家人性修养的文章,原是《礼记》的一篇,相传为孔子后代子思所作,是儒家思孟学派的代表性论著,主题思想是教育人们自觉地进行自我修养、自我监督、自我教育、自我完善,把自己培养成为具有理想人格,达到至仁、至诚、至德、至善的理想人物。全文共约四千余字。《中庸》多处语句与《周易》尤其是《易传》的内容极为相似,二者如出一辙,可以看出,作为儒学代表作的《中庸》,其思想多源自易经或者是受到易经的启发。

例如,前文提过,易经的核心思维是中和,而《中庸》的核心思想就是中庸,中庸是孔子和儒家推崇的德行。《中庸》中虽然未对"中庸"明确地下一个定义,但第一篇中"喜怒哀乐之未发,谓之中;发而皆中节,谓之和。中也者,天下之大本也;和也者,天下之达道也。致中和,天地位焉,万物育焉。"表达的正是中庸的思想,而这句话阐述的也是中和的思想,可以看出,《中庸》与《周易》的核心思想如出一辙。

《中庸》提出治理天下国家有九个原则:"凡为天下国家有九经,曰:修身也,尊贤也,亲亲也,敬大臣也,体群臣也,子庶民也,来百工也,柔远人也,怀诸侯也。"这九个原则在《易传》中几乎都可以找到类似含义的语句。如蹇卦大象辞"君子以反身修德",师卦大象辞"君子以容民蓄众",比卦大象辞"先王以建万国,亲诸侯",等等。

《中庸》还有一个重要的理念:诚。"诚者自成也,而道自道也。诚者物之终始,不诚无物,是故君子诚之为贵。"这里的"诚"与《文言传》中"修辞立其诚"的诚是一个含义,但《中庸》将"诚"提到了更高的高度。

《中庸》还有一句治学的名言:"博学之,审问之,慎思之,明辨之,笃行之。"意思是做学问要博大广泛地学习,要审慎地提出疑问,要慎重地思考,要明白地辨别,要坚定地去身体力行。《周易》的《文言传》则有:"君子学以聚之,问以辩之,宽以居之,仁以行之。"意思是有学问的人通过学习来积累知识,通过请教别人来论证问题,以宽容的心胸去待人处事,以仁义作为自己行为的准则。两者的意境何其相似,简练通达的用词,使人一看便懂。

《系辞传》有云:"广大配天地,变通配四时,阴阳之义配日月,易简之善配至德。"《中庸》也有一句类似的话:"仲尼祖述尧舜,宪章文武,上律天时,下袭水土,辟如天地之无不持载,无不覆帱,辟如四时之错行,如日月之代明。"两处的用词思路一脉传承。

四、易经与《孟子》

孟子,名轲,战国时期鲁国人,儒学创始人之一,继承并发扬孔子的思想,被后人尊称为"亚圣",与孔子合称为"孔孟"(见图 8-2)。《孟子》为记述孟子思想的著作,相传是孟子与其弟子万章、公孙丑所著,翔实地记载了孟子及其弟子的各项活动,涉及政治、教育、哲学、伦理等思想和学说,共三万五千余字。

孟子与孔子不同,他没有留下对《周易》专门研究的著作,《孟子》一书也未提到《周易》,但易学主要体现在孟子的思想之中,甚至有学者认为《周易》也是孟子思想的理论渊源之一。下面我们以《孟子》中非常著名的几句话来比证:

(1)天时地利人和论。《孟子·公孙丑下》云:"天时不如地利,地利不如人和。三里之城,七里之郭,环而攻之而不胜。夫环而攻之,必有得天时者矣;然而不胜者,是天时不如地利也。城非不高也,池非不

图 8-2　孟子

（绘图：傅瑞学）

深也，兵革非不坚利也，米粟非不多也；委而去之，是地利不如人和也。故曰：……得道者多助，失道者寡助……故君子有不战，战必胜矣。"这里孟子明确提出天时地利人和的重要性，读者可以发现，天时地利人和论出自《周易》的天地人三才之道，《系辞传》讲"易之为书也，广大悉备。有天道焉，有人道焉，有地道焉。兼三才而两之，故六。"

（2）"生于忧患，死于安乐"。这句名言出自《孟子·告子下》："舜发于畎亩之中，傅说举于版筑之间，胶鬲举于鱼盐之中，管夷吾举于士，孙叔敖举于海，百里奚举于市。故天将降大任于斯人也，必先苦其心志，劳其筋骨，饿其体肤，空乏其身，行拂乱其所为，所以动心忍性，曾益其所不能……然后知生于忧患而死于安乐也。"《孟子》讲述了六位先贤历经贫困、挫折的磨炼而终于担当大任的事例，证明忧患可以激励人奋发有为，磨难可以促使人有所成就，论证忧患则生、安乐则亡的道理。而这个道理在《周易》中多处有体现，如乾卦中的爻辞："君子终日乾乾，夕惕若。"（白天整天勤奋努力，夜晚戒惧反省）震卦的大象辞："君子以恐惧修身。"（君子小心戒惧，以修炼自己的德行）既济的大象辞"君子以思患而豫防之。"（防患于未然）《系辞传》"安而不忘危，存而不忘亡，治而不忘乱。"等。

（3）"浩然之气"。《孟子》曰："吾善养吾浩然之气……其为气也，至大至刚，以直养而无害，则塞于天地之间。其为气也，配义与道。"《孟子》

解释浩然之气的意思：最伟大最刚强，用正道去培养而不加伤害，就可以使它充满天地之间，这种气质是与仁义和道德相辅相成的。《孟子》总结的浩然之气也可以从《周易》中找到"影子"，如乾卦的大象辞："君子以自强不息"，恒卦的大象辞："君子以立不易方"，大过的大象辞："君子以独立不惧"，《系辞传》云："子曰：易其至矣乎！夫易，圣人所以崇德广业也，知崇礼卑，崇效天，卑法地，天地设位而易行乎其中矣。"

（4）"舍生取义"。《孟子·告子上》的一句名言："生，亦我所欲也，义，亦我所欲也。二者不可得兼，舍生而取义者也。"就是说，生命是我所要的，正义也是我所要的，如果二者不能同时都得到，就选择正义而舍去生命。我们再看看困卦的大象辞："泽无水，困；君子以致命遂志。"意即不惜以牺牲生命来完成志愿，两者的含义是何其相似！

第三节　易经与《孙子兵法》

《孙子兵法》是中国现存最早的兵书，也是世界上最早的军事著作，是中国古代军事文化中的典范之作，内容博大精深，逻辑缜密严谨，集中概括了战略战术的一般规律，并在政治、经济、军事、文化、哲学等领域被广泛运用，被誉为"兵学圣典"。《孙子兵法》共有六千字左右，分十三篇，具体为始计第一、作战第二、谋攻第三、军形第四、兵势第五、虚实第六、军争第七、九变第八、行军第九、地形第十、九地第十一、火攻第十二、用间第十三。它的作者为春秋时的吴国将军孙武（见图 8-3），据史料记载，孙武由伍子胥推荐从齐国到吴国，向吴王阖闾进献所著兵法十三篇，被选为将，率领吴军大败强大的楚军，一路攻城拔寨，甚至占领楚国的都城郢都，几近灭亡楚国。

《周易》虽不是军事著作，但他提出的基本观点，构成了军事理论的基础和核心价值观，对古代军事学影响深远，《孙子兵法》中的一些思想也与之相关。《周易》中最直接与军事相关的是师卦，师卦说："师，贞丈人吉，无咎。"（意思是打仗时占问总指挥的军情，没有灾祸）；它的彖辞："师，众也。贞，正也。能以众正，可以王矣。刚中而应，行险而顺，以此毒天下，而民从之。"它的大象辞："地中有水，师。君子以容民畜众。"（收纳和蓄

图 8-3　孙子

（来自百度百科）

养民众）以上意思无非有两点：打仗要打正义的战争，打仗要得到民众的支持。这与《孙子兵法》中的"上兵伐谋，其次伐交，其次伐兵，其下伐城"，"道者，令民与上同意也"的战略思想基本相同。

《孙子兵法》云："乱生于治，怯生于勇，弱生于强。"意思是乱、怯、弱都不是永恒不变的，在一定条件下可以转化为治、勇、强。这就是"兵无常势，水无常形"的辩证法则。这个思想与《系辞传》中的"上下无常，刚柔相易，不可为典要，惟变所适"如出一辙。

《系辞传》有云："君子安而不忘危，存而不忘亡，治而不忘乱。是以身安而国家可保也。"这种战略思想是与《孙子兵法》中的"兵者，国之大事，死生之地，存亡之道，不可不察也"类似。

《周易》的观卦爻辞的第五、第六爻："观我生，君子无咎"，"观其生，君子无咎"（观察分析自己和对方的生存环境，没有灾祸）。这与《孙子兵法》中"知己知彼，百战不殆"相比，虽然认识程度不同，但反映的是同一战略思想。

《周易》中还有许多与兵法有关的内容，如"豫，利建候行师""萃，君子以除戎器""同人，乘其墉，弗克攻，吉""高宗伐鬼方，三年克之""震用伐鬼方，三年，有赏于大国""击蒙，不利为寇，利御寇""负且乘，致寇至"，等等。

第九章　易经中的君子

　　《周易》主要涉及三种类型的人,高层次的大人和君子,低层次的小人。大人至圣,君子高尚,小人卑贱。《周易》倡导君子就是民众学习的榜样、做人的目标。那么怎样做才算一个君子呢?《周易》有多处论述。如《文言传》中乾卦对"元亨利贞"的解释:"元者,善之长也;亨者,嘉之会也;利者,义之和也;贞者,事之干也。君子体仁足以长人,嘉会足以合礼,利物足以和义,贞固足以干事。君子行此四德者,故曰:乾,元亨利贞。""元"是开始,首要的意思,善之长即众善之首、众善之始。俗话说一年之计在于春,一日之计在于晨,春天和早晨就是一年和一日的开始和基础。"亨"即通达、亨通的意思。嘉之会:嘉美的汇集。"利"即利益、有利。义之和:利益应该是道义的体现。"贞"有正而固的意思,事之干,即事物的根本、根基。《周易》认为,元亨利贞就是君子的四德。

　　用"元亨利贞"对君子四德的描述是概括性的,略显简单,理解起来尚有一定困难,《周易》还有多处描述君子,列举如下。

　　(1)自强。乾卦大象辞曰:"天行健,君子以自强不息。"君子要自发图强,奋斗不息。乾卦九三爻辞:"君子终日乾乾,夕惕若,厉无咎。"意思是君子白天应自强不息,勤勉努力,到了夜晚也要保持时刻警惕。自强不息是君子应该具备的内心信念,在忧患时不消极气馁,要不断勤奋努力,奋发图强,超越自己。

　　(2)厚德。坤卦大象辞:"地势坤,君子以厚德载物。"意即深厚的德行可以承载万物。六三爻辞:"含章可贞,或从王事,无成有终。"意思为胸怀才华,可以坚持下去,顺从王意做事,即使没有成功,也会有一个好的结局。君子除了要自强不息外,敦厚的美德,宽广的胸襟,包容的心态也是必不可少的,如果一个人只知道努力进取,缺乏刚柔相济,能屈能伸,方圆结合的话,就可能会变成刚愎自用、无知莽撞,即使再"自强不息"也会徒劳无功甚至遭受挫折。这也是清华大学把"自强不息,厚德载物"作为校训的重要原因。

(3)谦虚。谦卦爻辞写道:"谦:亨,君子有终。初六:谦谦君子,用涉大川,吉。六二:鸣谦,贞吉。九三:劳谦君子,有终,吉。六四:无不利,扬谦。六五:不富以其邻,利用侵伐,无不利。上六:鸣谦,利用行师征邑国。"谦卦是在《周易》的六十四卦中唯一一个所有爻辞皆吉的卦,"吉""贞吉""吉""无不利""无不利""利"等皆为吉利。可见《周易》认为君子必须要具备谦虚的美德,只要谦虚则会亨通、吉利、正道,这就是"谦谦君子,自谦而善始有终",无论获得多大成就,都应该要谦虚。

(4)中正。中正在前面章节中已有论述,此处不再重复,所以君子须把握中正,不偏不倚,坚守正道,避免过与不及的行为。

(5)诚信。《周易》中多处出现"孚",孚有诚信的意思(有的地方也会解释成"俘虏"的意思)。另外,六十四卦中有一卦名为"中孚"。孚者,信也。因此,中孚,即忠诚之谓也。其卦辞曰:"豚鱼,吉,利涉大川。利贞。"需卦:"有孚,光亨贞吉。利涉大川。"只要有信用,就能光明亨通。比卦初六爻:"有孚比之,无咎。有孚盈缶,终来有它,吉。"要有诚信,自然不会有灾祸,如果诚信像水注满盆一样,一定会得到吉利。随卦九四爻:"随有获,贞凶。有孚在道,以明,何咎。"如果有诚信,在办事情时光明磊落,又能有什么灾祸呢? 还有坎卦:"有孚维心,亨,行有尚。"在面对险难时,只要有诚信就会亨通,出行将得到赏赐。损卦:"有孚。元吉,无咎。可贞。利有攸往……"只要有诚信就能吉祥,无灾,走正道,利于行动。可见,在《周易》中,表达诚信的词句有多处,其主要在劝诫人们无论面对什么事情和困难,也要讲诚信。在《周易》中凡是提及诚信(孚)的卦爻,大都是吉。

(6)和而不同。意思是君子在人际交往中能够与他人保持一种和谐友善的关系,但在对具体问题的看法上却不必与其他人苟同。这句话并没有出现在《周易》中,而出现在孔子的《论语》中,孔子曰:"君子和而不同,小人同而不和。"准确理解这句话并不容易。所谓"和而不同",就是对上级、对大家公认的事情不盲目附和,敢于提出不同意见,群策群力,与不同意见者和睦相处;所谓"同而不和",则是对领导溜须拍马,逢迎附和,不敢发表不同意见,对持不同意见的人排斥打击。《周易》在六十四卦中的多个卦也阐述了"君子和而不同"的含义。如睽卦的"君子以同而异",同人卦的"君子以类族辨物",大过卦的"君子以独立不惧,遁世无闷",恒卦的"君子以立不易方",晋卦的"君子以自昭明德"等,这些辞的含义在后文会注释。

前文曾经提到,清华大学于 1914 年邀请著名学者梁启超作演讲,梁启超以"君子"为题,有如下关于君子的论述:

"君子二字其意甚广,欲为之诠注,颇难得其确解。为英人所称劲德尔门(注:gentleman)包罗众义与我国君子之意差相吻合。证之古史,君子每与小人对待,学善则为君子,学不善则为小人。君子小人之分,似无定衡。顾习尚沿传类以君子为人格之标准。望治者,每以人人有士君子之心相勖。《论语》云:君子人与君子人也,明乎君子品高,未易几及也。

英美教育精神,以养成国民之人格为宗旨。国家犹机器也,国民犹轮轴也。转移盘旋,端在国民,必使人人得发展其本能,人人得勉为劲德尔门,即我国所谓君子者。莽莽神州,需用君子人,於今益极,本英美教育大意而更张之。国民之人格,骎骎日上乎。

君子之义,既鲜确诂,欲得其具体的条件,亦非易言。《鲁论》所述,多圣贤学养之渐,君子立品之方,连篇累牍势难胪举。《周易》六十四卦,言君子者凡五十三。乾坤二卦所云尤为提要钩元。乾象曰:'天行健,君子以自强不息。'坤象曰:'地势坤,君子以厚德载物。'推本乎此,君子之条件庶几近之矣。"

《周易》中关于"君子"的论述还有许多,这里我们把《周易》的大象辞(对卦辞的阐述,而非对爻辞的阐述)中涉及"君子"的词语罗列出来并简要注释,以帮助读者充分理解《周易》对君子的描述。

第一卦:天行健,君子以自强不息。(奋发图强,永不停息)

第二卦:地势坤,君子以厚德载物。(宽厚德行,包容万物)

第三卦:云雷,屯;君子以经纶。(经营组织)

第四卦:山下出泉,蒙;君子以果行育德。(果敢的行动培养高尚道德)

第五卦:云上于天,需;君子以饮食宴乐。(一起饮食,体验快乐)

第六卦：天与水违行，讼；君子以作事谋始。（在事情初始阶段就要谋划）

第七卦：地中有水，师；君子以容民畜众。（收纳包容、养育民众）

第八卦：（无）

第九卦：风行天上，小畜；君子以懿文德。（弘扬文明的美德）

第十卦：上天下泽，履；君子以辨上下，定民志。（分辨高低尊卑，安定民心）

第十一卦：泰（无）

第十二卦：天地不交，否；君子以俭德辟难，不可荣以禄。（勤俭节约躲避灾难，不能追求荣禄）

第十三卦：天与火，同人；君子以类族辨物。（按族分类，辨明事物）

第十四卦：火在天上，大有；君子以遏恶扬善，顺天休命。（抑制恶行，发扬善行，顺应上天赋予的美好使命）

第十五卦：地中有山，谦；君子以裒多益寡，称物平施。（削减多余的，补充不足的；称量分量，公平分配）

第十六卦：豫（无）

第十七卦：泽中有雷，随；君子以向晦入宴息。（晚上回家安然休息）

第十八卦：山下有风，蛊；君子以振民育德。（振奋民众，培育道德）

第十九卦：泽上有地，临；君子以教思无穷，容保民无疆。（无穷的思想教化民众，无边的胸怀包容民众）

第二十卦：观（无）

第二十一卦：噬嗑（无）

第二十二卦：山下有火，贲；君子以明庶政，无敢折狱。（使各种政令开明，不草率判案用狱）

第二十三卦：剥（无）

第二十四卦：复（无）

第二十五卦：无妄（无）

第二十六卦：天在山中，大畜；君子以多识前言往行，以畜其德。（多多学习前人的善言和德行，培养自己的德行）

第二十七卦：山下有雷，颐；君子以慎言语，节饮食。（说话要谨慎，

饮食要节制）

第二十八卦：泽灭木，大过；君子以独立不惧，遁世无闷。（独立做事，不要惧怕；归隐山林，不会苦闷）

第二十九卦：水洊至，习坎；君子以常德行，习教事。（使德行一直保持，学习教化民众的知识）

第三十卦：离（无）

第三十一卦：山上有泽，咸；君子以虚受人。（虚心的接纳别人）

第三十二卦：雷风，恒；君子以立不易方。（独立修身不改变做人的原则）

第三十三卦：天下有山，遁；君子以远小人，不恶而严。（远离小人，不招惹他并严格划清界限）

第三十四卦：雷在天上，大壮；君子以非礼勿履。（不做不符合礼节的事情）

第三十五卦：明出地上，晋；君子以自昭明德。（要让自己的高尚道德显现出来）

第三十六卦：明入地中，明夷；君子以莅众，用晦而明。（和民众在一起不要显得太精明，这样才圣明）

第三十七卦：风自火出，家人；君子以言有物，而行有恒。（说话有内容，做事有恒心）

第三十八卦：上火下泽，睽；君子以同而异。（求同存异）

第三十九卦：山上有水，蹇；君子以反身修德。（通过反省来提高自己的道德修养）

第四十卦：雷雨作，解；君子以赦过宥罪。（赦免过失，宽恕罪过）

第四十一卦：山下有泽，损；君子以惩忿窒欲。（克制愤怒，抑制欲望）

第四十二卦：风雷，益；君子以见善则迁，有过则改。（见到善良的行为就要学习，有了过失就要改正）

第四十三卦：泽上于天，夬；君子以施禄及下，居德则忌。（给下属恩惠，自己不居功自傲）

第四十四卦：姤（无）

第四十五卦：泽上于地，萃；君子以除戎器，戒不虞。（修治兵器，防备不测）

第四十六卦：地中生木，升；君子以顺德，积小以高大。（遵循道德规范，不断积累，逐渐壮大）

第四十七卦：泽无水，困；君子以致命遂志。（不惜生命，达到志向）

第四十八卦：木上有水，井；君子以劳民劝相。（劝导劳作的民众，互相帮助）

第四十九卦：泽中有火，革；君子以治历明时。（制定历法，明确时令）

第五十卦：木上有火，鼎；君子以正位凝命。（端正自己的位置，重视自己的使命）

第五十一卦：洊雷，震；君子以恐惧修省。（有所恐惧，反省自己）

第五十二卦：兼山，艮；君子以思不出其位。（思考问题不逾越自己的位置）

第五十三卦：山上有木，渐；君子以居贤德，善俗。（以贤德自居，改善民风民俗）

第五十四卦：泽上有雷，归妹；君子以永终知敝。（体会有终无始的弊端）

第五十五卦：雷电皆至，丰；君子以折狱致刑。（审理案件，严格地执行刑罚）

第五十六卦：山上有火，旅；君子以明慎用刑，而不留狱。（慎重的使用刑罚，不轻易拘捕人）

第五十七卦：随风，巽；君子以申命行事。（宣传自己的主张，发展自己的事业）

第五十八卦：丽泽，兑；君子以朋友讲习。（与朋友一起相互学习）

第五十九卦：涣（无）

第六十卦：泽上有水，节；君子以制数度，议德行。（制定多个法令，议定道德品行规范）

第六十一卦：泽上有风，中孚；君子以议狱缓死。（审判罪犯，尽量不处以死刑）

第六十二卦：山上有雷，小过；君子以行过乎恭，丧过乎哀，用过乎俭。（行为再谦逊一些，办丧事再悲哀一些，花销再节俭一些）

第六十三卦：水在火上，既济；君子以思患而豫防之。（考虑到灾患而提前预防它）

第六十四卦：火在水上，未济；君子以慎辨物居方。（谨慎地辨别事情的性质，选择好合适的地方）

《周易》提出了"君子"的概念之后，历代先贤对"君子"的概念多有阐述、完善和提升，"君子"有了更为明确的界定。笔者认为：儒家总结的"仁、义、礼、智、信"是我国古代君子之道全面而简明的表达，成为千百年来国人推崇及奉行的理想人格。

第十章 科学时代下如何看待
易经的鬼神与卜筮

提到易经,人们最关心的问题之一就是易经是否迷信?这个问题一直说不清楚。

迷信是指人们对事物盲目信仰或崇拜。人们由于没有足够的知识积累或判别能力,对事物的本质分辨不清,但又毫不怀疑地相信,甚至到盲目崇拜的地步。易经中是否迷信的争议主要有两个方面:一是易经是否相信鬼神的存在;二是易经的卜筮是有科学根据还是无稽之谈。

本章就从这两方面来分析:一是从易经中提到的鬼神来探讨易经是如何看待鬼神的;二是对易经卜筮的认识。

第一节 关于易经中的鬼神

《周易》中大概有二十多处提到神、鬼,而且基本是出现在《易传》尤其是《系辞传》中,部分列举如下。

"神也者,妙万物而为言者也。"(《说卦传》)

"夫大人者,与天地合其德,与日月合其明,与四时合其序,与鬼神合其吉凶。先天下而天弗违,后天而奉天时。天且弗违,而况于人乎?况于鬼神乎?"(《文言传》)

"天地设位,圣人成能,人谋鬼谋,百姓与能。"(《系辞传》)

"仰以观于天文,俯以察於地理,是故知幽明之故。原始反终,故知死生之说。精气为物,游魂为变,是故知鬼神之情状。"(《系辞传》)

"生生之谓易,成象之谓乾,效法之谓坤,极数知来之谓占,通变之谓事,阴阳不测之谓神。"(《系辞传》)

"凡天地之数,五十有五,此所以成变化而行鬼神也。"(《系辞传》)

"显道神德行,是故可与酬酢,可与佑神矣。子曰:知变化之道者,其知神之所为乎!"(《系辞传》)

"往来不穷谓之通;见乃谓之象;形乃谓之器;制而用之,谓之法;利用出入,民咸用之,谓之神。"(《系辞传》)

"故神无方而易无体。"(《系辞传》)

"精气为物,游魂为变。是故知鬼神之情状。"(《系辞传》)

"高宗伐鬼方,三年克之。"(鬼方:商朝西边的少数民族,既济卦九三爻辞)

"震用伐鬼方,三年有赏于大国"(鬼方的意思同上,未济卦九四爻辞)

"睽孤,见豕负涂,载鬼一车"(鬼指化妆过的人,睽卦上九爻辞)

"天道亏盈而益谦,地道变盈而流谦,鬼神害盈而福谦,人道恶盈而好谦。"(谦卦象辞)

可以看出,《周易》中出现的"神"基本是对事物、思想的奇妙性的描述或发生不可思议的变化的一种描述用词(《说卦传》中的定义),可以理解成现代意义上的神奇、奇妙、变化莫测等意思。"鬼"有的是指地名(如鬼方),有的是对不好的行为(如阴谋诡计)或事或人的一种比喻,类似现在人所说的"牛鬼蛇神"。"鬼""神"并用多指自然界的神秘未知事物和规律,其实也是对道的一种描述,并没有我们传统迷信思想中的神仙、鬼怪的意思。

有了以上的分析,我们可以认为易经是不宣扬鬼神的。《易传》主要是孔子和他的门人所作,即使是孔子及其门人在他们后来的一些著作中也体现了不迷信鬼神的精神,如《论语·雍也》中说"敬鬼神而远之",证明孔子也是否定鬼神作用的。

笔者认为:中国古人信仰的是唯物主义的道,西方人信仰的是唯心主义的宗教。《周易》中的神有时指人类的精神作用,有时指自然物质所具有的内在的能动性及其表现,本质上是一种古代唯物主义者关于物质变化的深刻描述。宗教中的神是有意识有意志的,宗教的核心是神,神创造一切,主宰一切,而且宗教的神是被描述成实实在在存在的,有具体的名字和特征,受人供奉和祈祷。例如,基督教的上帝耶和华,伊斯兰教的真主安拉,佛教的佛祖释迦牟尼。而你能在《周易》中找到类似的神吗?显然没有,哪怕任何一个神鬼的具体名字都没有。《周易》中只有道,道法自然,道即大自然的客观规律,不受主观因素影响。易经没有宣扬鬼神,也没有具体化的神,所提到的鬼神多是一个描述客观事实的代名词而已,即使是科学高度发达的当今时代,汉语中也会有这种词汇,比如神奇、神往、神速等。

因此,笔者认为《周易》中没有迷信的鬼神,也不倡导神鬼思想,它是一部包含辩证唯物主义的无神论著作。只是后来人们对易经的研究五花八门,各圆其说,有的走入歧途,在一些易经衍生的应用体系中就有了鬼神的概念,有的不良之士甚至用鬼神来唬人骗人,谋取不义之财,使后代人们对《周易》的理解无所适从,从而逐渐蒙上了鬼神迷信的色彩。

易经无鬼神!

第二节　关于易经中的卜筮

卜筮是古代占问吉凶两种方法的统称,指用龟甲、筮草等工具预测未来的活动。《礼记·曲礼上》曰:"龟为卜,策为筮。"说明古时卜用的是龟甲,筮用的是蓍草,具体的卜筮方法会在下面章节介绍。诚然,五花八门的卜筮理论现在还得不到科学的论证,因此还不能给出卜筮是科学的手段这个结论,但也不能完全断定卜筮就是迷信的,没有科学根据的预测手段。因为,卜筮所依据的核心理论基础以目前的科学水平尚难以判定。

从易经中我们可以发现,卜筮是一种预测手段,它的基础原理是建立在对立统一理论、事物普遍联系理论、宇宙全息理论等哲学思维上,这些基础原理已经证明是科学的。但卜筮的应用理论诸如纳甲理论、时空五行转化理论等尚没有经过科学的验证,缺乏有效的逻辑推理,看起来玄之又玄。但有一点可以肯定的是,易经没有在卜筮中宣扬鬼神,并没有说以鬼神的意志引导卜筮,虽然利用易经预测中的学问的确可以帮助人们解释生活中的很多现象,但是易经预测从来都是不拿鬼神来说事的,而且在解决问题或者说趋吉避凶时也是不依靠鬼神的帮助的。在很多易经的卜筮书籍中，几乎是不会提到鬼神二字，这就是民间一直都有的"易不言鬼"说法。本质上说易经的卜筮是建立在一种未经科学验证的理论之上得出的事物发展变化的一种概率而已。

即使是我国古人用易经占卜，也没有完全迷信占卜的结果。《尚书》是儒家核心著作之一，一直被视为中国封建社会的政治哲学经典，既是帝王的教科书，又是士大夫们遵循的准则。《尚书·洪范》篇中记载着这样一句话："汝则有大疑，谋及乃心，谋及卿士，谋及庶人，谋及卜筮。"相传为周朝灭亡商朝之后的第二年，商末著名贤臣、纣王的叔父箕子向周武王陈述"天地之大法"，提出了帝王治理国家必须遵守的九种根本大法，即"洪范九畴"，"洪"的意思是"大"，"范"的意思是"法"。其中在第七法"稽疑"中提及了上述这段话，意思是当你有重大疑难问题需要决策时，首先你自己要用心思考，其次与卿士也就是朝廷官员讨论，再次征求普通老百姓的意见，最后再用卜筮来预测。

可见，古人也是将卜筮的结果作为决策的一种参考，是与自己的主观判断、卿士同僚的意见、相关众人的建议统筹综合考虑的。因此，我们并不能把易经卜筮（预测）就简单划分到迷信的范畴之中，鼓吹鬼神之道的人必然是对易经预测没有深入研究或者是故意歪曲《周易》本意的人。

卜筮是预测的一种具体方法，一般来说预测有两种模式：一种是以统计学和逻辑学为基础的预测模式，如国家有关部门对 GDP（国内生产总值）、CPI（物价消费指数）、天气情况的预测以及股票专业人士对股票的预测分析等。它是属于个体到整体、由点到面的逻辑性严密的归纳推理预测方式；另一种可以说是易经预测模式，将世间万物形态归纳到五行八卦，通过他们之间的相互作用而产生的结果预测，是从整体到个体的归纳推演预测方式。

易经的卜筮体系到底是否科学，其理论目前用现代科学是无法解释清楚的。但是仍然有它科学的一面，如与其他现代自然科学类似，易经的卜筮体系是有模型的。有关易经预测模型的具体介绍读者可以参考其他文献（其实本书最后提出的易经思维下的决策模型，也是一种易经模型）。我们可以把易经预测建模和数学建模做个比较：数学建模是用数学语言、程式和符号来研究一个事物的情况，一般理论依据明确、逻辑推理严密、具体化程度较高，应用面局限于一个事物或一类事物；而易经所建立的模型抽象概括程度较高、不注重严密的逻辑推理，但可以用来分析跨领域的多种事物。易经衍生出的各种占卜预测体系的建立过程也不外乎如此，它们也都有自己独立的建构模型。

既然易经也是通过建立模型来预测的，从科学角度讲就是一种模拟分析客观现实的工具，那就存在准确度的问题，任何模型也无法保证有100％的精确度，误差在所难免。易经也不例外，何况它过于的抽象和概括。所以现在有很多人说易经预测是迷信，这种说法本身就是比较片面的，如果是迷信就不存在有准确度的问题。如果你科学地看待易经，就会明白易经的预测也不会是百分之百准确的。不管怎样使用易经，都不要忘记了一点，它只是一个供人们决策参考的工具模型而已，失误在所难免。就如天气预报、经济预估、股市预测一样，要科学地认识到它们的结论不会是百分之百的准确。

在科学水平还不是足够发达的当今世界，不妨暂且抛开争论，暂时不必判断易经占卜科学与否。可以采取存其精华，去其糟粕，留其疑问的态度。易经占卜是否科学有待在不久的将来当科学足够发达时，有足够证据可以证伪或者证实之时，再对易经占卜下个全面终极的结论。笔者自从学习易经后也经常占卜，一是可以辅助学习易经知识，加深对易经的理解；二是可以有多个思考问题的角度；三是希望通过易经的启示找到灵感；四是可以检查之前的计划是否完善。一些占卦的实例将在后面章节介绍。

我们还可以尝试着从另一个新的角度来看待易经占卜，即采用占卜中合理的一方面，也就是预测和假设的功能。人们在讨论、研究任何事情基本都需要预测，预测某种意义上说也是一种假设。科学的实验尤其需要假设，科学家们研究攻克任何科学难题几乎都离不开假设。读者不妨翻阅任何一个有关实证研究的科研项目计划书，可以发现它们几乎都需要一个或若干个假设来指导研究。

卜筮的作用：开拓思路，启发灵感，运用假设，完善计划。

正所谓："大易无迷"！

上古时占卜用的龟甲

（来自百度百科）

● 第三篇　易经思维下的
　　　　科学决策方法

前文提到，儒家核心经典之一的《尚书·洪范》中记载着一个故事，殷商末代著名的贤相箕子对周武王说："汝则有大疑，谋及乃心，谋及卿士，谋及庶人，谋及卜筮。"劝导人们在做某件大事情有疑惑时，可以从四个方面考虑：首先要自己仔细研究谋划，其次再与身边的同事或下属商议，再次征求其他相关人的意见，最后再通过预测来做决定。

以易经哲学思想为根基的著名兵家经典《孙子兵法》曰："知彼知己，百战不殆；不知彼而知己，一胜一负；不知彼，不知己，每战必殆。"意思再清楚不过了，就是说要想打胜仗，必须既了解对手，又了解自己，缺一不可。这个理论不仅应用于战争，也同样适用于事情的决策。

本章的重点是在前面章节知识的基础上探讨易经思维下的科学决策方法，分析思路是先分析研究外部客观因素，再剖析研究内部主观因素，最后以预测和假设为辅助完成决策的整个过程。

第十一章　客观因素：天时地利人和

天时地利人和原指古代作战时的自然气候条件、地理环境和军民是否齐心协力等三个方面的主客观条件。虽然在《易经》原文中没有出现天时、地利、人和这三个词，但在《周易》尤其《易传》中多处阐述了天时地利人和思维原理，如《系辞传》中"仰则观象于天，俯则观法于地，观鸟兽之文，与地之宜，近取诸身，远取诸物"就包含了天时地利人和的概念。以易经为基础的许多应用学科，尤其是占卦系统中都将天时地利人和作为判断吉凶和决策的重要依据。《孙膑兵法·月战》："天时、地利、人和，三者不得，虽胜有殃。"后来人们已经将天时地利人和引申到各个领域。简单地说：天时是机遇、大趋势，地利是环境、条件，人和是人际关系、志同道合者的支持。

古人认为，做事情尤其是做大事要成功需要具备三个客观条件，即天时、地利、人和。这个思想与《周易》的"天人合一"思维有密切的关联。

第一节　天　　时

天时即"天道之时"，主要指的是时间，是特定时间条件下的环境状况、社会现实或发展趋势，《系辞传》云"君子藏器于身，待时而动"，意思是人们要做好准备，等待有利的时间出现，这样做出的决策或采取的行动才会成功。《文言传》中有"终日乾乾，与时偕行"，损卦的象辞"损益盈虚，与时偕行"，益卦的象辞"凡益之道，与时偕行"，三处出现的"与时偕行"都阐明了利用天时的道理。

现今我们对天时的理解与古代相差不大。人们作重要的决策时都应该考虑天时的因素，如种植农作物，不能错过特定的季节，古人说的天时最显著的体现就是在农业方面。又如，我们创业时选择哪个行业入手，一定要看这个行业在时下的前景和潜力。就拿信息通信行业来说,短短二十年就从 90 年代的寻呼机发展到现在的智能手机,如果你现在还去生产寻呼机,无疑是死路一条。例如,买股票,一定要选择恰当的时机入手才能有收益,如果在股价高位的时候买进,多半是要亏的;如果是在股价低位的时候买进,赚钱的概率就比较大。如果在下跌的趋势中买进股票,那就要冒较大的风险;如果是在股价上升的过程中买进股票,赚钱的概率就比较大。

第二节 地 利

地利主要指的是地理空间的便利。"地"为土地、地形、地理。古人把地看成是万物之源。八卦中的坤卦代表地,坤卦的象辞:"至哉坤元,万物资生,乃顺承天。""利"理解为有利、利益。地利在军事上指的是有利的地理优势,在农业上指对农作物生产有利的土地条件。《系辞传》有云:"仰以观于天文,俯以察于地理,是故知幽明之故。"在现今时代下,地利的概念大为扩展,也变得非常复杂,包括社会环境、经济环境、行业环境、自然资源等都可以纳入地利的范畴。社会环境是指人们所处地方的政治、法制、福利保障、教育等系列状况的总和。做一件大事情的决策,必须要考虑到这些因素。如果让你在一个战火纷飞、社会动荡、治安环境恶劣的国家投资办厂,这会让你承担巨大的风险,你多半是不会去做的。经济环境指的是拥有的经济基础、地域的经济发展总体状况。如果要投资或者做某个实业,还需要考虑所涉及行业的发展前景和实力。

基于易经理论衍生出来的风水学是典型的研究地利的学问。风水学在古代也称为堪舆术,是用来选择城市、村落、建筑物等地址及研究建造方法的一门学科。数千年以来,尽管带有浓厚的迷信色彩,但在某种意义上说风水学已经形成了一套研究地利的科学思维方式和学术系统,以此研究天、地、人之间的关系。人们依据它选择居住环境,创建与布置工作和生活空间;风水学建立了许多具有科学性的法则,统筹考虑大地、气、势、理、形等因素,产生了行之有效的结果。英国著名科学家李约瑟在《中国科技史》中将风水定义为:调整生人住所和死人住所,使之适合和协调于当地宇宙呼吸的方术。他把风水学称为一种准科学，相当于古代的景观建筑学。他认为风水对实际生活中的许多方面是有帮助的，如提出种植树木或竹林以防风，强调住宅附近有流水的益处等。风水学迄今仍在我国香港、澳门及台湾地区和东南亚等颇为盛行。

第三节　人　　和

人和就是人们同心同德、齐心协力、团结和谐的意思。"人"即做事的主体或相关人。"和"即中和、和谐、团结。易经的核心思维就是中和。乾卦的象辞"保合大和，乃利贞"，就是说只有做到和谐、团结、和平，才能国泰民安。《孟子·公孙丑下》："天时不如地利，地利不如人和。"可见人和的重要性要高于天时和地利。

人和不仅指人际关系，即跟家人、同事、领导、朋友等的关系，在工作和生活中能与周围人保持良好关系并得到帮助，做事情自然就顺利很多；一个群体，既有各式各样称职的人才，又能够内部团结一致，当然对群体的稳定发展大有裨益。但这些其实只是人和的一方面。人和还包括个人的学识、能力、素质等。人和是个复杂的概念，虽然我们把它列为客观因素，但其中也包含有主观的因素，是人们能够掌控的。

关于天时、地利与人和的重要性，我国的著名古典小说《三国演义》中就有许多个实例。《三国演义》讲的是东汉末年，群雄割据，最后形成曹操的魏国、刘备的蜀国、孙权的吴国争霸天下的故事，其中很多故事都与天时地利人和理论的运用有关。

一、隆中对——天时地利人和的透彻分析（见图 11-1）

"隆中对"是《三国演义》最著名的故事之一，讲的是刘备屡遭失败后求贤若渴，三顾茅庐见到诸葛亮，二人纵论天下大事。诸葛亮认为：当今天下群雄中，曹操占有中原大部分土地，兵多将广，更兼挟天子以令诸侯，可谓占得天时，一时间难与争锋；孙权父子三代经营江东，人杰地灵，物产丰富，地势险要，可谓占得地利；而刘备宽厚仁义，得民众拥戴，又是汉室

117

宗亲,占得人和。如能在天府之国蜀地建立根据地,与孙权联合共抗曹操,三足鼎立之势必将形成。历史发展正如诸葛亮所料:刘备在诸葛亮的辅佐下充分发挥人和的优势,得到众多朝野人士的拥戴,取蜀地,平汉中,借荆州,联吴抗曹。最后,曹操、孙权、刘备征服其他诸侯,三分天下。但遗憾的是诸葛亮最终未能帮助蜀国统一天下,"出师未捷身先死,长使英雄泪满襟"。究其原因,还是与天时有关。他的好友水镜先生司马徽在得知他同意出山辅佐刘备后,发出一句感叹:"卧龙虽得其主,不得其时,惜哉!"他认为当时的天下大势已无法让诸葛亮完全成功。

图 11-1　隆中对

(来源: 《如东日报》电子版)

二、借东风——巧算天时克敌

刘备和孙权两家联合,在长江南岸赤壁一带共同抵抗南下的曹操大军。刘备军师诸葛亮与东吴大都督周瑜共同制订火攻曹营的计划,但时值寒冬季节,刮的几乎都是西北风,用火攻不但烧不着北岸的曹兵,反而会烧到南边的孙刘联军,正所谓不逢天时。幸亏诸葛亮上知天文下晓地理,预测到几天后会有东南风,于是向周瑜谎称能借来东风,让周瑜为他搭坛作法,同时他的好友庞统又设计让曹操把战船用铁链拴在一起。到了开战那天,果然刮起东南风。孙刘联军火烧赤壁,大破曹军。这个故事充分地说明了天时的重要性。

三、草船借箭——运用天时地利占先机（见图 11-2）

这个故事讲的仍然是孙刘联军与曹军作战期间诸葛亮利用天时的故事。诸葛亮天纵英才，足智多谋，周瑜怕他以后对吴国不利，于是故意刁难，命他在十日之内造出十万支箭。这是个非常艰难的任务，但诸葛亮信心满满，夸口说三日便可完成，并立下军令状。原来是诸葛亮通过观察气象，计算出三天后江面有大雾，于是他向鲁肃借二十条船，每个船的两侧扎满草人。到第三天夜里，大雾弥漫，船队擂鼓呐喊直奔曹军水寨。曹军因大雾看不清江面，担心会有埋伏，不敢出战，便让弓箭手向江上船只放箭，箭射到稻草人上便掉不下来，当稻草人上的箭插满时，诸葛亮便下令船只调头返回，向周瑜上交了十万多只箭，顺利完成任务。

图 11-2　草船借箭

（来源：百战网）

四、携民渡江——人和至上

《三国演义》记载着一个故事，刘备驻扎在樊城，打败了曹操的先头部队后，曹操亲率大军压境，征讨荆州、襄阳一带，军师诸葛亮认为敌众我寡不能硬拼，建议刘备从樊城退往襄阳，刘备采纳。但撤退的时候刘备非要带上逃难的百姓一起走，本来兵贵神速，曹操又在后面紧追，带上老弱病残的百姓，行军速度大大降低，随时有被敌军追上的危险。但刘备说：

"奈何百姓相随许久,安忍弃之?"表现了刘备重视"人和"的理念,宁愿军队受点损失也不愿失去民心。最后虽然军队受到重创,但刘备赢得天下士民的同情和支持,很快东山再起,建功立业。试想,当时天时已被曹操所占,孙权又占据地利,如果刘备得不到人和,如何能完成大业?

五、火烧连营——不懂地利遭大祸

这个故事说明了地利的重要性。魏蜀吴三分天下后,由于刘备大将关羽镇守荆州时违背诸葛亮"联吴抗曹"战略,被东吴大将吕蒙设计攻破荆州,关羽兵败被杀。刘备悲愤交加,不顾诸葛亮等人的劝阻,亲自率举国之兵讨伐吴国。吴国在打了几场败仗后,孙权起用青年将领陆逊率兵迎敌,双方在彝陵附近对峙。陆逊用以逸待劳的方法,坚守不战,阻挡了蜀军的攻势。时值炎热夏天,刘备因久攻不下,天气又酷热难耐,便将军队转移到附近阴凉的树林中驻扎,正中了陆逊的计谋,陆逊利用树林的地利特点,火攻处于树林中的蜀军大营,一举击败刘备,从此蜀国实力大减。

对照《周易》的思维体系和本章的内容不难发现:天时地利人和其实就是《周易》"天人合一"思维的体现形式之一。天时、地利、人和就是天道、地道和人道的一种具体化描述。天时属于天道,地利归于地道,人和则是人道的核心组成部分。也可以这么理解:在合适的时间、到合适的地点、做合适的事情,是最佳行为原则。其中,时间是天道,地点是地道,所做之事是人道。既遵从天道,又符合地道,再发挥人道,这就是达到古人说的"天人合一",天地人的和谐统一。只要综合考虑此三方面的因素,则任何决策、任何行为都是有可能带来成功的。

天时、地利、人和是影响人们决策的外部客观因素,本章论述了其重要性,在充分探讨了这些外部客观因素后,下一章将讨论影响决策的主观内部因素。

第十二章　主观因素：价值观、性格、兴趣、能力

《孙子兵法》上说："知己知彼，百战不殆。"知彼指的是了解对手，知己指的是认识自我。任何一个决策，如果不结合自身的特点，不懂得扬长避短，成功的可能性都是较低的甚至是失败的。从心理学角度来说，认识自我主要从四个方面剖析：价值观、性格、兴趣、能力。这四个方面即是人们做出决策的主要内部因素。

第一节　价　值　观

价值观是个人对事物或对自身行为结果的意义、作用和重要性的总体判断或评价，是人们认为某些东西（人、事、物）是否重要或值得拥有的依据。价值观决定了人们在面临选择时对事物取舍的优先次序，是决定人的行为的最重要依据之一。简单地说：价值观就是你认为做某件事情是否值得。它包含如下的判断：好与坏，对与错，重要与不重要等。易经中的"天行健，君子以自强不息；地势坤，君子以厚德载物"就是一种价值观。

价值观有两个特点。

（1）价值观是因人而异的。价值观的形成是一个长期积累的过程，由于人们的先天特性和后天经历都不相同，每个人的价值观的形成都会受到不同家庭、学校、社会等方面的影响。因此，每个人都有自己独特的价值观。在同样的客观条件下，不同价值观的人，其目的不同，判断不同，采取的行为也不尽相同。

（2）价值观是相对稳定的。价值观虽然不是始终不变的,它是随着人们认知能力的提高、经验的积累而逐步形成的,但它是人们精神观念的维系基础,是世界观和人生观的具体表现。人的价值观一旦确立,便是相对稳定的,不会轻易改变的,具有持久性的特点。

关于价值观,学界已有多种理论,其中典型的代表是职业锚理论、六大价值取向理论、罗凯奇价值观理论（Rokeach）、北森工作价值观模型等。以职业锚理论（又称职业定位）为例,如图 12-1 所示,职业锚又称职业系留点。锚,是船只停泊定位时使用的铁制器具。职业锚是指一个人在必须做出职业选择的时候所关注的中心概念（这个中心用锚来比喻）,也即无论怎样都不会放弃的职业中的那种至关重要的东西或观念。它是人们内心层次各种观念的整合体,体现了"真实的自我"。职业锚理论是由著名的职业指导专家、美国麻省理工学院的埃德加·施恩（Edgar. H. Schein）教授提出的。施恩研究小组是对 44 名 MBA 毕业生进行长达 12 年的职业生涯研究,包括面谈、跟踪调查、公司调查、人才测评、问卷等多种方式,最终总结出职业锚理论。

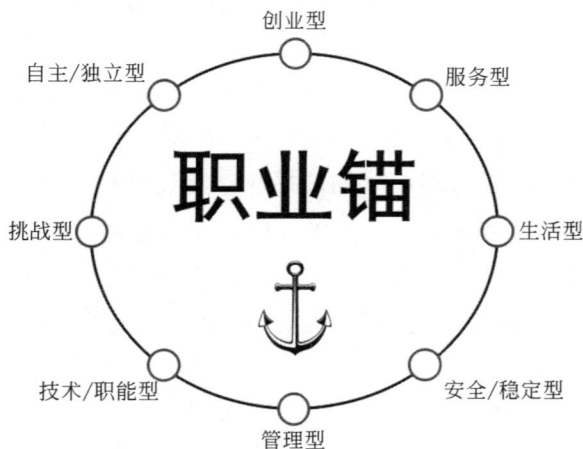

图 12-1　职业锚理论

职业锚是个人同工作、环境互动作用的结果,受到多种因素的影响,如读书时受到的教育、早期进入工作时的经验积累、自身的特点等。它不是一成不变的,而是在实际工作中不断调整的。职业锚理论总结了八种基本的职业锚类型。

（1）技术/职能型：追求的是技术和职业能力的提高，喜欢专心致志地研究某一专业或技术，不喜欢从事一般的管理工作。

（2）管理型：喜爱全面管理，追求工作职位的晋升，以集体的成功为己任。他们认为具体的技术工作仅是通向更高、更全面管理层的必经之路。

（3）自主/独立型：追求自由与独立，有自己突出的风格和特点，喜欢以自己的方式安排工作。追求能施展个人能力的工作环境，反感集体的限制和指挥。

（4）安全/稳定型：追求工作中的安全与稳定感，喜欢前途可以预知的工作和岗位，关心财务安全，能忠实、平稳地完成领导交办的工作，有时并不关心具体的职位和具体的工作内容。

（5）创业型：人格独立性强，追求创建属于自己的事业，愿意承担风险，不喜欢长期依附于他人，一旦时机成熟，便会出去创建自己的事业。

（6）服务型：擅长帮助他人，为他人提供需要的服务，性格外向，通过帮助他人获得成就感，追求他们认可的核心价值，不过分追求具有领导职能的岗位。

（7）挑战型：喜欢解决不可能完成的任务，敢于挑战强大的对手。对他们而言，参加工作的动力是允许他们去战胜各种不可能。他们不喜欢缺乏新意、程序固定的工作。

（8）生活型：追求生活、家庭和工作的平衡关系，甚至以生活为重，希望将生活和工作融为一体，为此甚至可以不惜牺牲他们职业的一些发展机会，他们对成功的理解不仅局限于职业成功，还包括生活、家庭等方面。

基于职业锚价值观理论设计的职业锚问卷是国外职业测评最广泛、最有效的工具之一。职业锚问卷是一种职业生涯规划咨询、自我了解的工具，能够帮助组织或个人明确自身的价值观，协助组织或个人进行理想的职业生涯发展规划。有兴趣的读者可以在网上测试自身的职业锚类型。

另外一个应用比较广泛的价值观测试工具是罗凯奇价值观量表。罗凯奇对于价值观问题曾进行广泛的研究,他将价值观描述成一种持久的信念,把价值观分成工具价值观和终点价值观两类,分别设计了不同的词语来表述它们,如图 12-2 所示。

工具价值观		终点价值观	
有抱负	度量大	安逸的生活	多彩的生活
有能力	兴高采烈	成熟意识	和平的世界
干净的	勇敢的	美丽的世界	平等
宽大的	有帮助的	全家安全	自由
正直的	想象的	快乐	和谐
独立的	知性的	成熟的东西	国家安全
逻辑的	可爱的	愉悦	救济
顺从的	有礼貌的	自尊	社会认可
有责任的	自制的	真实的友情	智慧

图 12-2 罗凯奇价值观表述

第二节 性 格

性格,也称人格、个性,是指个人稳定的态度和习惯化的思维与行为方式,是一个人在各种场合下表现出来的某种特征。它涉及的范围很广泛,几乎涉及人的心理过程及个性特征的各个方面。例如,某人喜欢安静,某人有文艺天赋,某人性子急躁等。

性格是人对现实的态度和行为方式中相对稳定的心理特征,人们因性格不同而表现出差异。性格具有复杂的特征,主要包括:

- 对现实和自身态度的特征,如诚实或虚伪、谦虚或骄傲等;
- 意志特征,如勇敢或怯懦、果断或犹豫等;
- 情绪特征,如热情或冷漠、开朗或抑郁等;
- 理智特征,如思维敏捷、逻辑性强或思维迟钝、没有逻辑性等。

关于性格,心理学界也有多个理论,典型的有 MBTI 性格理论、卡特尔十六人格特征理论、大五人格模型理论、九型人格理论等。

MBTI(Myers-Briggs Type Indicator)理论,是以瑞士著名心理学家卡尔·荣格(Carl Gustav Jung)划分的八类心理类型为基础,由美国心理学家凯恩琳·布里格斯(Katherine Briggs)和伊莎贝尔·布里格斯·迈尔斯(Isabel Briggs-Myers)母女共同提出的理论,是一种描述人们在获取信息、做出决策、对待生活等方面的心理活动规律和性格类型的理论。以此理论为基础设计的 MBTI 测试工具是一种迫选型、自我报告式的性格评估测试工具。MBTI 被广泛应用于职业发展、团队建设、家庭教育等方面,是国际上最为著名和权威性的性格测试工具之一。

MBTI 从能量倾向、信息接收方式、信息处理方式、行动方式四个维度考察个人的性格和偏好。如图 12-3 所示。

维度	选项一	选项二
能量倾向	外向的(E)	内向的(I)
信息接收	感觉的(S)	直觉的(N)
信息处理	思考的(T)	情感的(F)
行动方式	判断的(J)	感知的(P)

图 12-3　MBTI 判定个人性格的四个维度

由图可见,MBTI 中四个维度的组合就构成一种特定的性格,一种性格包含四个维度,每个维度有两个选项(上图中用一个字母代表),这样就可以组成 16 种不同的性格类型,每一种性格类型都具有独特的行为表现和价值取向。例如,"ESTJ"代表"外向—感觉—思考—判断"型性格,"INFP"代表"内向—直觉—情感—感知"型性格。这十六种性格及其主要的特点,如图 12-4 所示。

进一步概括的话,MBTI 理论还可以把人的性格归为四个大类,即 SJ型、SP 型、NT 型、NF 型。这四个大类分别概括如下:

SJ 型:忠诚的监护人,代表人物如美国首任总统华盛顿、英国伊丽莎白女王;

SP 型:天才的艺术家,代表人物如画家毕加索、徐悲鸿;

ISTJ	ISFJ	INFJ	INFP
核查、检查	保护、保障	咨询、服务	治疗、辅导
ESTJ	ESFJ	ENFJ	ENFP
督导、指挥	生产、销售	教室	倡导、激发
ISTP	ISFP	INTJ	INTP
操作、推介	音乐、艺术	思想、研究	建筑、设计
ISTP	ESFP	ENTJ	ENTP
发起、实践	表演、演示	统帅、指挥	创造、发明

图 12-4　MBTI 测试工具的 16 种分类

NT 型：科学家、思想家，代表人物如发明家爱迪生、科学家爱因斯坦；

NF 型：理想主义者，精神领袖，代表人物如孙中山、列宁。

大五人格理论，也称 OCEAN 五型人格理论，主要把人们分成五种类型，并认为这五种特质可以涵盖人格描述的所有方面，它们分别是：

开放型（Openness，想象或务实的程度）；

责任型（Conscientiousness，承担责任的程度）；

外向型（Extraversion，偏好人际交往的程度）；

随和型（Agreeableness，热心或冷漠的程度）；

神经质或情绪稳定型（Neuroticism，烦躁或平静的程度）。

五种特质的表现，如图 12-5 所示：

九型人格理论，是近年来心理学领域最热门的课程之一，备受欧美多个国家以及国内相关培训机构的推崇，许多大企业的管理层均有研习九型人格，并以此培训员工、建立团队、提高执行力。九型人格作为一个人格心理学理论，其测试工具是个精确的系统，已被当今主流心理学界认可，对于企业的前期规划、战略选择、培训指导等方面，九型人格有很大的应用前景。

读者可以从网上轻易找到上述性格测试工具，不妨做个自测来弄清楚自己的性格。

特质类型	高分者特征	低分者特征
神经质（N）	烦恼、紧张、情绪化、不安全、犹豫	平静、放松、果敢、安全、自我欣赏
外向型（E）	喜欢交际、活跃、健谈、乐观、重感情、好玩耍	谨慎、冷静、冷淡、厌倦、退让、寡言
开放型（O）	好奇、兴趣广泛、有创造力、有想象力、时髦	常规、讲实际、循规蹈矩、兴趣少
随和型（A）	脾气好、助人为乐、宽宏大量、轻信、直率	愤世嫉俗、多疑、脾气差、不合作
责任型（C）	有条理、可靠、自律、有抱负、有毅力	散漫、懒惰、粗心、意志弱、贪图享受

图 12-5 大五人格的特征表

第三节 兴   趣

兴趣是指人们为了乐趣或享受而愿意做某件事情，是个体愿意充满热情投入其中的活动，它可以为个体所从事的职业活动提供持久的动力。简单地说，兴趣就是你是否喜欢做某件事情。

关于兴趣有四个特点。

（1）兴趣的倾向性：指兴趣所包括的内容，既可以是物质的，也可以是精神的；既有高级的，也有低级的。

（2）兴趣的广度：指兴趣的范围大小，有的兴趣广泛，能获得更多的知识和资源；有的兴趣单一，能专注做某一件事情。

（3）兴趣的稳定性：指兴趣能够长时间的保持和持续。兴趣只有具备了稳定性，才会产生实质性作用，才能促使人完成所感兴趣的事情，"一阵风"的兴趣就如过眼烟云，顷刻消散。

（4）兴趣的深度：是指兴趣对事情产生作用的大小，它是影响事情能否高质量、高效率完成的重要条件。

兴趣对一个人的发展方向、发展潜力有极大的作用，主要表现在对未来活动的准备作用、对正在进行的活动的推动作用、对活动的创造性态度的促进作用。

最著名的兴趣理论是美国约翰霍普金斯大学心理学教授、著名的职业指导专家约翰·霍兰德（John Holland）于1959年提出的具有广泛社会影响的霍兰德兴趣理论。霍兰德理论有一个突出的特点：把个人兴趣和适合这种兴趣特点的工作联系起来，帮助人们探索适合自身特点的职业生涯发展道路，拉近了自我与客观世界的距离，聚焦了努力方向。借助霍兰德理论的测试工具，人们能迅速地、系统地、有理论依据地在一个特定的职业群里进行探索活动。霍兰德还提供了和个人兴趣相关联的一系列职业，人们不用冒险地去选择一种特殊的职业或工作，减少失败概率。

霍兰德理论把兴趣分为现实型、研究型、艺术型、社会型、企业型和传统型六种类型或维度，每个人的性格都是这六个维度的不同程度组合。一般以六角形表示如图12-6所示。

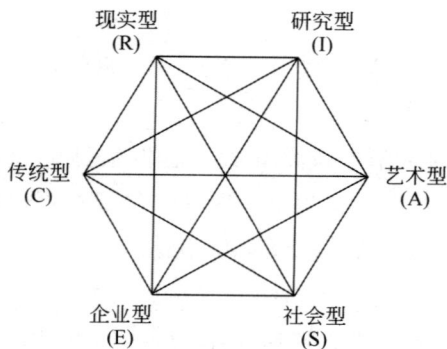

图 12-6　霍兰德兴趣理论

（绘图：傅瑞学）

现实型：动手能力强，喜欢使用工具从事操作性工作，想法务实，动作协调，偏好于规范的具体任务，不善言辞，做事保守。不喜欢社交，喜欢独立完成事情。

研究型：善于思考，博学多识，求知欲望旺盛，抽象思维能力强，不喜欢操作性强的事情，喜欢独立的和富有创造性的工作，不善于领导他人。分析问题理性，喜欢逻辑分析和推理，严谨认真，做事一丝不苟。

艺术型：才华横溢尤其有艺术才能，想象力丰富，有创造力，创新精神强，喜欢张扬自己的个性，追求实现自身的价值，做事追求完美，理想主义色彩较重，忽视实际情况。善于表达，但心态较为复杂。

社会型：善于言谈、喜欢与人交际、爱结交新的朋友、愿意帮助和教导别人，关注社会问题，追求发挥个人的社会价值，比较看重社会义务和社会道德。

企业型：天生具有领导才能，有远大抱负，权力欲望强，追求权威和物质财富，喜欢竞争，不怕风险，为人务实，关注利益、地位、金钱等，做事有较强的目的性。

传统型：做事规范、有条理，习惯接受他人的指挥和领导，尊重权威和规章制度，喜欢按计划办事，喜欢关注细节，通常较为谨慎和保守，缺乏创造性，不喜欢做冒险性大和竞争性强的事情。

霍兰德所划分的六大类型，并非都是完全独立、彼此有着明晰的边界的，有的人可能同时具有两种或多种类型的特点。因此人们通常情况下愿意选择与自身兴趣类型相匹配的职业环境，如具有艺术型兴趣的人希望在艺术类职业环境中工作，可以较好地发挥个人的潜能。人们的职业兴趣可以影响其对职业的满意程度，当人们所从事的工作和自身的兴趣相符时，人的潜在能力可以得到更为充分完全的发挥，工作业绩也更加显著。但是在职业选择中，人们不一定能选择与自己兴趣完全对应的职业环境，有时会不断妥协，不断试错，寻求相邻的或交叉的职业环境。但如果人们在与自身兴趣完全不同的职业环境下工作，则可能会显得难以适应，或者难以有工作时的快乐感，也难以激发自身的潜力。

第四节　能　　力

能力是人们能够顺利完成某种活动所必须具备的东西，是一个人能否开展工作、完成工作的先决条件，对于一个人的选择自由和发展空间起着重要的制约作用。简单地说，能力就是你能不能做某件事情。

每个人都具有多种与生俱来的能力，如婴儿出生时就具有吮吸的能力、学习能力等。但人类社会中更多的是需要经过学习和训练而形成的能力,也称技能。美国的两位生涯规划专家辛迪·梵(Sidney Fine)和理查德·鲍尔斯(Richard Bolles)将技能分为三种类型:专业知识技能、自我管理技能、可迁移技能(也称通用技能),如图 12-7 所示。

图 12-7 技能的分类

(绘图: 傅瑞学)

专业知识技能就是我们通过有意识的学习、交流和实践所获得的某一方面的专门能力,常常与我们的专业学习或工作内容直接相关,一般只能在特定领域发挥作用,如射击、体操、计算机、水管维修等。专业知识技能的获得渠道有学校的教育、自学、参加研讨会、资格认证考试培训、在职教育、社会实践等。

可迁移技能与专业知识技能类似,但它可以在不同的生活或工作性质中应用,也即这种能力可以迁移到其他不同领域。例如,沟通技能,它培养的是倾听、口才和争议处理方面的能力,它在工作生活中应用广泛。还有组织能力,指计划、组织、协调、总结的能力,也是一种可迁移技能,它可以在多个不同类型的工作中使用。美国著名心理学家霍华德·费格勒(Howard Figler)总结了十种最热门的可迁移技能:预算管理,公共演讲,督导他人,公共评论写作,公共关系,组织/管理/调整,应对最后期限的压力,与他人言谈,磋商/仲裁,教学教导等。

自我管理技能是指人们按照社会目标,有意识、有目的地对自己的思想、行为进行转换的控制能力。它经常被看作个性品质的表现,被用来描述某人具有的特征,被认为是取得成功所必需的品质,是个人最有价值的无形资产。例如,《周易》上说的仁义、自强不息、厚德载物、谦谦君子等都是自我管理技能。自我管理技能的获得渠道有:向榜样或楷模学习,读有关自我认知和意志力培养的书籍,与朋友精神层面的讨论和交流,家庭和生活中的成长,实践中的磨炼等。

　　以上从价值观、性格、兴趣和能力四个方面探讨了影响人们决策的主观因素。个人在做出决策时,无论大事小事,只要充分考虑了这四方面的因素,成功的概率就会大大增加。图 12-8 所示,该图形象地表示了影响决策的主观内部因素组合,只有在图的中心区域,也就是价值观、性格、兴趣和能力四因素共同交叉重合的地方,才会是正确的决策。

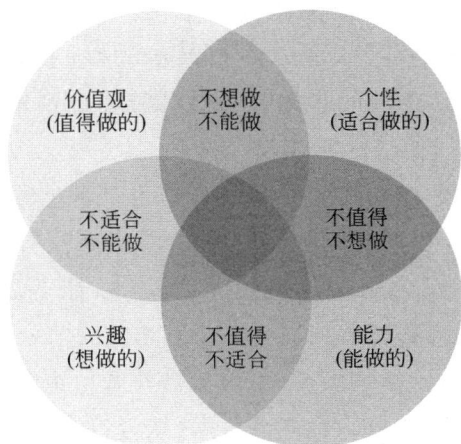

图 12-8　影响决策的主观内部因素

(绘图: 傅瑞学)

　　如果你认为一件事情值得做(价值观符合)、同时又有非常强烈的愿望想做这件事情(兴趣符合),但如果你不适合做(个性不符合)或者不能够做(能力不符合),就不能决策做这件事情。例如,《三国演义》中诸葛亮出征魏国时派马谡防守街亭,马谡虽然军事理论造诣深厚,但从未独立指挥过打仗,且蜀主刘备曾评价马谡“言过其实”,但诸葛亮聪明一世、糊涂一时,仍然决定派马谡出战,这就是让一位优秀的军事理论家去指挥他并不擅长的实战。战国时代纸上谈兵的赵括也是这种情况,被委派去指挥赵国军队大战秦军,导致长平大败。

如果你认为一件事情值得做（价值观符合）、同时你也适合做此事（性格符合），但你没有愿望不想做（兴趣不符合）或者不能够做（能力不符合），那么你不能决定做这件事情。例如，解放战争时期，东北人民解放军在林彪、罗荣桓等将领的率领下在东北取得节节胜利，关外形势一片大好，以致国民党将领都不敢去东北作战。蒋介石委派上将卫立煌去东北担任指挥官，但卫立煌始终推脱不就，最终逼不得已领命就任，仍无法挽救局势，而且处处违背蒋的意愿，最后导致国民党在东北的全盘皆输。

如果你很想做一件事情（兴趣符合），也具备足够的能力（能力符合），但你认为做它不值得（价值观不符合）或者你的个性不适合做（性格不符合），那么你也不能决策做这件事情。例如，让阿里巴巴的马云去从政当官，他有这个能力，也或许有兴趣，但他不会放弃他已经打下的商业王国。笔者认为他的张扬、不循规蹈矩、敢说敢干的性格也不适合从政。

如果你很适合做一件事情（性格符合），也具备足够的能力做此事（能力符合），但你认为不值得做（价值观不符合）或者没有兴趣去做（兴趣不符合），那么你也不能决策做这件事情。例如，让著名的篮球运动员、NBA 明星姚明去改打排球。

只有当你认为这件事情值得做（价值观符合）、也有意愿去做（兴趣符合）、也适合你做（性格符合）、也能够去做（能力符合），这四项因素都符合时，才是你做决策的时候了。当然还需要结合上一章阐述的客观外部因素。以孔子为例，孔子倾其半生精力周游列国，希望能够辅佐一国君主治理天下，完成他的政治夙愿。但当时的战国形势与环境决定着天时地利与人和都不在孔子这边，孔子无法施展他的政治抱负，不得不遗憾地回归鲁国。不过也因此在晚年全心致力于国民教育，门下弟子三千，开创儒学，从而成为至圣先师，为天下人所敬仰。

图 12-9 是部分典型的价值观、性格、兴趣、能力自我评估测试工具列表，供读者参考。

项目/类型	正式评估	非正式评估
价值观	职业锚测评 罗凯奇(Rokeach)价值观量表	拍卖游戏
人格	MBTI 测评 卡特尔 16 型人格测评 大五人格量表	动物测评
兴趣	霍兰德职业兴趣测评 库德职业兴趣量表（KOIS）	兴趣岛
能力	职业能力测试	IQ 测试
综合	CETTIC 职业测评系统	朋友的评价

图 12-9 价值观、性格、兴趣、能力自我评估测试工具(部分)

第十三章　预测与假设：占卦

　　在完成了客观外部因素和主观内部因素的分析后，接下来要做的，就是预测与假设。按照本书设计的决策理论模型，即运用易经的占卜方法为决策提供前期预测及假设。当然读者可以采用其他方法对事情的决策作预测与假设，包括大数据分析、经验的积累、调研的启示等。但在本书阐述的这套理论中，还是侧重易经的预测方法。

　　易经衍生出的预测体系纷繁复杂，门类众多，预测方法五花八门，但主要可依据与易经的关联程度分为下面三大类。

　　第一类，与易经关联紧密的预测方法。主要有卦爻辞法、梅花易数法、纳甲筮法。这三种方法主要用于预测具体事情，是目前应用最广泛的三种易经预测方法，具体在下文介绍。

　　第二类，以易经为理论基础、自成体系但与易经内容关联不大的预测方法。即号称"三式"的奇门遁甲、大六壬、太乙神数三种预测方法。奇门遁甲古时主要运用于行军打仗，多用于测算地理环境之事，重在测"地"。大六壬主要用于民间百姓之事，尤其用于人事相关的预测，重在测"人"。太乙神数主要用于国家重大政治军事事件，尤其是天灾人祸方面的事情，重在测"天"。这三种方法号称古时最神秘的预测学，比较高深莫测，公开发行的相关书籍也不多，研习的人也是少数。

　　第三类，名义上以易经为理论基础，但与易经内容基本没什么关系的预测方法。这类预测方法包括依据人的出生时间来预测一生吉凶的四柱命理预测法，依据人的出生时间以及星相来预测人生吉凶的紫微斗数法，依据人的姓名来预测一生命运和吉凶的姓名学，研究家居及办公场所内外环境格局对人生影响的风水学等。另外，还有一些目前争议较大、理论依据不足，但在民间流传的预测方法，也都属于此类，包括根据随意写出的字来预测吉凶的测字学，以及依据人的面相手相进行预测的人相学方法等。

本书着重介绍第一类的三种预测方法，而其他两类预测方法既与易经内容关联不大，又过于玄虚，笔者也对其较为生疏，因此这两部分内容本书不作介绍。

卦爻辞法、梅花易数法、纳甲筮法都是通过占卜（或称占卦）来完成预测的。占卜一般分两个阶段：起卦和解卦。占卜者通过某种起卦方法得到一个卦后，再运用某种解卦方法解读分析它，最后得出若干个结论。这就是一个标准的占卜或占卦过程，下面我们详细介绍。

第一节 起　　卦

大凡占卦有以下三个原则：

（1）不诚不测。首先占卦要有诚心，如果不信的话不如不占；另外，如果心有杂念，无法做到天人合一，也会导致信息不准确，反映到卦中的信息也是错的。

（2）不动不测。万事万物皆有运动变化而生，因此只有发生运动或变化，才能产生特殊信息可以用来预测。

（3）不义不测。人人应该恪守人间正道，不应投机取巧走歪门邪道。因此，与道义不符的事情不要去占。

起卦是占卦的第一个步骤，也即通过某种方法得到一个卦。这个卦应该是有六个爻的大成卦而非三个爻的经卦（也称单卦）。起出的卦也称为"本卦"。本卦之中蕴含"互卦"（前面章节有介绍，其实同时还蕴含综卦、错卦等，但本书基本不用）。如果卦中有变爻，则使本卦发生变化，变成"变卦"（也称之卦）。即通过起卦得到的卦称为本卦，本卦中又可以衍生出互卦和变卦。

起卦通常有三种方法：蓍草起卦法，铜钱摇卦法，随机起卦法（也称梅花易数起卦法）。下面我们分别介绍。

一、蓍草起卦法

蓍草起卦法是唯一一种在《周易》中有记载的占卜方法,也是最古老的占卜方法之一。蓍草生于山坡草地或灌丛中,别名一枝蒿、锯草,直杆形状,是一种多年生菊科草本植物,分布于东北、华北及陕西、甘肃、宁夏、内蒙古、江西等地(见图13-1)。古人为什么选择蓍草来占卜呢?据西晋张华的《博物志》记载:"蓍千岁而三百茎,其本已老,故知吉凶。"《系辞传》说:"蓍之德,圆而神。"古人可能因此而把蓍草作为卜筮的理想工具。

图 13-1　蓍草

(来源: 搜狗图片)

《系辞传》中是这样描述蓍草起卦法的:"大衍之数五十,其用四十有九。分而为二以象两,挂一以象三,揲之以四以象四时,归奇于扐以象闰,五岁再闰,故再扐而后挂。……是故四营而成易,十有八变而成卦。"这段话的理解根据朱熹、邵雍等人的解释可分成如下几个步骤。

(1)模拟大衍太极:根据大衍之数五十(为什么大衍之数是五十,目前尚无明确的考证),选取五十根蓍草放在桌面上代表天地万物,从中取出一根代表太极,单独放置在桌面上方不用,聚精会神默想所占之事,做到诚心诚意,意念专注,天人合一。(没有蓍草,可以用筷子、树枝、牌等物件代替。)

（2）四营成一变：《系辞传》中提到的四营就是分二、挂一、揲四、归奇四个步骤。

第一营（分二）：把四十九根蓍草随机分成两堆放在桌面的左右两侧。

第二营（挂一）：从左边那堆取出一根蓍草，单独放置在桌面的下方。

第三营（揲四）：将左右两堆蓍草分别以四根为一组，一组一组地数出来，一直数到左右两堆各自剩下不超过四根蓍草，注意左右两堆蓍草不能弄混。

第四营（归奇）：经过四根四根地数出的余数蓍草加在一起，不是四个，就是八个，和前面"挂一"的那根蓍草一并放在桌面的下方，这样就完成了"一变"的过程。

（3）三变成一爻

上述的第一变，四十九根蓍草经过"分二、挂一、揲四、归奇"的四营步骤之后，剩下的蓍草数只有两种结果，不是四十四，就是四十，因为两堆蓍草在揲四之前拿出了两根，一共剩下四十八根，无论左右如何分布，四个一组取出，剩下的两堆总数必然是四根或者八根。左余一，右则余三；左余二，右则余二；左余三，右则余一；还有一种是左余四，右余四。因此，四十八根蓍草减去四或八，剩下的数只有四十四或四十两种可能了。

第二变：把剩下的左右两堆蓍草合在一起，然后重复上面四营中"分二""揲四""归奇"三个步骤（不需要挂一了），完成步骤后剩下的蓍草数应该有三种可能，四十或三十六或三十二。

第三变：把经过第二变剩下的蓍草再次合在一起，重复"分二""揲四""归奇"三个步骤，剩余的蓍草数将会有四种可能，三十六或三十二或二十八或二十四。

三变之后剩下的蓍草数或者三十六，或三十二，或二十八，或二十四，再用四除之，分别会得出九、八、七、六四个数。其中，七、九是奇数，均属阳性，即以阳爻（—）表示。七称为少阳，是静爻（不变化的爻）；九为极阳之数，称为老阳，老阳为变爻，在（—）符号旁边要做个其他记号；六、八是偶数，均属阴性，即以阴爻（--）表示。八称为少阴，是静爻（不变化的爻）；六为极阴之数，称为老阴，老阴为变爻，在（--）符号旁边做个记号。读者读到这里会发现,这四个数,其实就是四象,"两仪生四象"中的四象。

（4）十八变成一卦

在上述三变之后得到一爻,这一爻即为初爻,为了方便记忆,把它画在纸上的最下方。然后再重复一次上述"三变"步骤,再次得到一个爻,即为第二爻,画在初爻的上方,如此重复共六次,每次三变共十八变,可以依次从下至上画出六个爻,六爻即成一卦。这个卦称为"本卦",即是我们通过蓍草起卦法起出的卦。

我们通过起卦得到的卦称为本卦,本卦中如有老阳爻或老阴爻,则有变爻。将变爻变成属性相反的爻,即原来位置的老阳爻变成阴爻、原来位置的老阴爻变成阳爻,然后由变化后的新爻和本卦中不变的爻可以组成一个新的卦,称为本卦的"之卦"或"变卦"。例如,假设通过上述四营十八变的步骤得到的六个数依次是:七、八、九、七、八、六,其中七和九都是阳爻,八和六都是阴爻,所以此卦本卦是雷火丰卦,但其中第三爻是老阳,第六爻是老阴,都是变爻,在变卦中分别变成阴爻和阳爻,于是爻变后雷火丰卦就成了火雷噬嗑卦。即本卦为雷火丰,变卦或之卦为火雷噬嗑。

不要小看变爻,变爻代表着事物的变化。变爻和变卦的概念在解卦中有着极其重要的作用。

二、铜钱摇卦法

通过对蓍草起卦法的介绍,读者会发现这个方法非常烦琐,得到一卦要花费二十分钟左右时间。因此,到了汉代简单易行的铜钱摇卦法应运而生。据记载铜钱摇卦法是由西汉易学大家京房发明的,前文有过介绍。京房也是纳甲筮法的创建者。

铜钱摇卦的具体方法有如下三步。

（1）首先准备三枚铜钱或硬币,推荐外圆内方的乾隆通宝铜钱,因为这种铜钱的外表形状是外圆内方,代表天圆地方。不过现在这种铜钱见的少了,基本都是现代人仿制的。如果找不到乾隆通宝,一般用一元或五毛钱的硬币也没问题。不管选择哪种钱币,三个钱币的种类要求是相同的。

然后要确定钱币的两面的阴阳属性,一般钱币的两个面中一面是以字为主,另一面是以图案为主。根据天圆地方,天为阳地为阴的原则,圆为阳而方为阴,字的笔画可以看作是线条组合,以方正为主,因此钱币有字的一面为阴;图案可以看作是各种圆的组合,因此为阳。所以,硬币上写有字的一面为阴面;另一面以图案为主的为阳面。

有了钱币后,准备好纸笔,先记录下起卦的年、月、日、时。

（2）在摇卦前要怀着虔诚的心意,选择一个安静的场所,洗手端坐,默念欲占问之事,所谓心诚则灵。虽然目前还无法验证这个道理,但我们且按照古人的说法照做就是。

开始起卦时,将三枚铜钱合于双手掌心,心中默念着求测的问题,然后双手十字交错,将掌中铜钱晃动若干次,然后轻轻撒在桌面上或其他较硬的平面上,使铜钱不受约束的自由滚动,待其完全停顿下来以后,观察三个铜钱朝上的那个面的属性,有如下四种可能的组合：

一个阳面两个阴面：为少阳,记为"▬▬▬▬▬"。

一个阴面两个阳面：为少阴,记为"▬▬ ▬▬"。

三个均为阳面：为老阳,记为"▬▬▬▬▬ ○"。

三个均为阴面：为老阴,记为"▬▬ ▬▬ ×"。

其中,少阳、少阴是静爻(不动爻),老阳、老阴是动爻。这样,我们就得到了第一爻(初爻)。

（3）按照上述步骤连续摇六次,分别从下往上记录在纸上,第一次记成初爻,把爻符号写在纸的最下端,第二次为二爻,记在初爻上面,依此类推,最后一次摇卦记为第六爻,记前面五爻的上端。这样,一个卦就摇出来了,这个卦即为"本卦"。与蓍草起卦法相同的是,如果摇出的爻中有一个或多个变爻,那本卦也会产生变卦或之卦。图 13-2、图 13-3 是按铜钱摇卦法产生的一个本卦和之卦示例(水山蹇变水火既济,初爻变)。

这种铜钱摇卦的起卦方法自汉代产生后就因其简便省事而逐渐取代了烦琐的蓍草起卦法,一直沿用至今,成为应用最广泛的起卦方法,尤其是使用纳甲筮法来解卦时一般均采用铜钱摇卦法。

三、随机起卦法（梅花易数起卦法）

随机起卦法,也称为梅花易数起卦法,是由宋代易学大师邵雍首创并

本卦水山蹇　　　之卦水火既济

图 13-2　本卦和之卦　　　　　　　图 13-3　铜钱摇卦

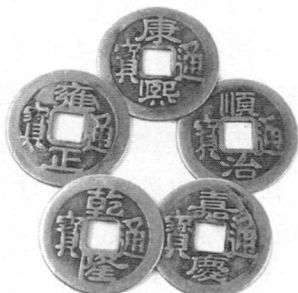

运用在梅花易数占卦中,后来这种起卦方法也逐渐运用在其他的解卦方法中。

随机起卦法相比铜钱摇卦法又方便快捷了不少,可以做到随时随地随意起卦,非常适合现代人快节奏的生活方式。随机起卦法其实是一个系列,它包括十多种起卦方法,主要以时间、数字、物象等为起卦依据。我们把随机起卦法分为:时间起卦、数字起卦、文字起卦、物象起卦、方位起卦等五类方法,本书重点介绍前两类,其余三类略作说明。

时间起卦

以时间起卦是最常用的随机起卦法之一,即按预测(占卦)时所处的年、月、日、时为依据确定四组数字,即年数、月数、日数、时数。然后按一定规则得出本卦和变卦。

(1)取年数:年份按年干支纪年法,以当年的地支在十二地支中的序数取数,子为一,丑为二,寅为三……亥为十二。如 2017 年为丁酉年,酉在十二地支序列中排行第十,故 2017 年份取数为十,凡在地支为酉的年间占卦,年数均取为十。2016 年为丙申年,申在十二地支序列中排行第九,因此取数为九。

(2)取月数:月份的取数与年份不同,是直接以农历的月份数取数,如农历正月取数为一、农历二月为二……农历十二月为十二,闰六月为六。如占卦的时候是在农历七月,那么月份取数为七。

(3)取日数:日期的取数与月份取数相同,是直接以农历的日子取数，农历初一为一、农历初二为二……农历三十为三十。

（4）取时数：时辰的取数以地支计时取数，类似年份的取数原则，子时为一、丑时为二、寅时为三……亥时为十二。如起卦的时候在申时，时数就取九。

确定了时间取数的规则后，接下来就可以起卦了，用年、月、日、时这四个数字来确定上卦（外卦）和下卦（内卦），从而上下卦组合起来确定出本卦。具体规则如下：

将年数、月数、日数相加，其和再除以八（寓意八卦），所得余数即为上卦之数，如果刚好除尽，余数则取八。

将年数、月数、日数、时数相加，其和再除以八，所得余数即为下卦之数，如果刚好除尽，余数取八。

将年数、月数、日数、时数相加，其和除以六（寓意六爻），所得余数即为变爻（动爻）之数，如果刚好除尽，余数取六。如余数为二即表示第二爻是变爻（动爻）。

算出了代表上卦和下卦的数字后，对照之前介绍的先天八卦之数，即乾一、兑二、离三、震四、巽五、坎六、艮七、坤八，分别确定上卦和下卦（此规则为先天取数法，是梅花易数中通用的取数规则，下面介绍的几种方法也都是按此规则由数定卦）。例如，上卦数为一，即为乾卦，下卦数为二，即为兑卦。这分别是上下两个经卦，两个经卦组成一个大成卦，即本卦，本卦则是上乾下兑的天泽履卦（☰）。

下面是上下卦和动爻的取数方法小结：

上卦数＝（年数＋月数＋日数）/8…余数；

下卦数＝（年数＋月数＋日数＋时数）/8…余数；

动爻数＝（年数＋月数＋日数＋时数）/6…余数。

现以时间起卦举一例：

2017 年 8 月 18 日 16 时 20 分起卦；

2017 年为丁酉年，酉在地支中排第十，因此年数取十；

8 月 18 日为农历闰六月二十七日，月数取六，日数取二十七；

16 时 20 分处于申时，申在地支中排第九，时数取九。

因此，

上卦数：（10＋6＋27）/8，余数为 3；

下卦数：（10＋6＋27＋9）/8，余数为 4；

动爻数：（10＋6＋27＋9）/6，余数为 4。

对照先天八卦之数，上卦为离，下卦为震，起出的大成卦也即本卦就是火雷噬嗑卦。

动爻为第四爻，将火雷噬嗑（☲☳）的第四爻由阳爻变成阴爻，组成的新卦即变卦为山雷颐卦（☶☳）。

以上就是时间取卦的通用方法，另外还有一种时间起卦是根据人的出生年月日时来起卦，这类卦名为"终身卦"，即预测一个人的一生运势吉凶，方法基本类似，本书不再做详细介绍。

数字起卦

以数字起卦也是一种在实际应用中非常普遍的起卦方法，即直接通过获得一组数字来确定本卦。数字的获得有多种方式，以被测之人随意报出一个或多个数字起卦、以电话号码起卦、以车牌号码起卦、以证件号码起卦、以物品的数量起卦、以声音的次数起卦等都属于以数字起卦的范畴。这里以随意报数和以电话号码为例介绍，其他的方法也基本类似，读者可以此类推。

以随意报数取卦

当预测某件事情时，可以让被测人随意报数，按其意愿报一个或多个数字都可以。《周易》讲究"数由心生，卦由心起"，通过将数字与先天八卦数的对应关系来完成预测。根据报出的数字数目不同有以下几种情况。

（1）一数起卦：即只有一个数字，按时间起卦的取数原则，用所报之数字除以八的余数作为上卦数；以当时的时辰数除以八的余数作为下卦数；再以所报之数与时辰之数之和再除以六，得到的余数为动爻之数。

例如，报出的一个数是三，先天八卦中数字三对应的是离卦，那么上卦就是离卦；假设当时的时间是中午 12 点，那就是午时，午时在十二地支中序数为七，数字七对应先天八卦的艮卦，下卦就是艮卦；数字三加时辰数七的和为十，除以六余四，四就是动爻的数字，也即第四爻是变爻。那么起出的本卦就是上离下艮的火山旅（☲☶），变卦是艮为山的艮卦（☶☶）。

数字的来源还可以是多种多样的，比如看到物品，数数有几个，也可成一个数；听见有人说话，算算说了几个字，也可以成一个数。

（2）两数起卦：即有两个数字，按照上述规则一样，第一个数按规则起上卦，第二个数起下卦，两数及当时时辰的三数之和取动爻。

（3）三数起卦：即有三个数字，按照上述规则，第一个数起上卦，第二第三个数之和起下卦，再用三数加时辰之和取动爻。

（4）四数及以上起卦：即有四个或更多数字，根据报数的顺序将这些数字分成上下两组，两组数字的数目相同或者上少下多。每组中的数字相加之和即为本组之数，上下两组共有两个数字，按"报两个数"的方法取卦和取动爻。

以电话号码取卦

根据"前少后多"的原则，将电话号码中的数字分成前后两组。如果数字的数量为奇数，则前组少后组多；如果数字的数量为偶数，则前后组数字的数量相同。如 12345678，将 1234 作为前组，5678 作为后组；又如123456789，1234 作为前组，56789 作为后组。

电话号码中的数字分好组后，前组中的每个数字之和除以八的余数为上卦数，后组中的每个数字之和除以八的余数为下卦数，电话号码全部数字之和再加当时的时辰数之和，然后除以六的余数为动爻数。

例如，以手机号码 13530098888 为例，共有十一位数字，前组取前五位数字，即 13530；后组取后六位数字，即 098888。前组数字之和为十二，除以八的余数为四，上卦数即为四，先天八卦对应震卦；后组数字之和为四十一，除以八的余数为一，下卦数即为一，先天八卦对应乾卦；起出的卦为上震下乾的雷天大壮卦（䷡），这是本卦。假设求测时间为 18:54，即为酉时，取数为十，两组数字之和再加时辰数为六十三，除以六的余数为三，那么动爻为第三爻，本卦雷天大壮就变为雷泽归妹之卦（䷵）。

文字起卦

以文字起卦是指根据所提供文字的笔画或者字数来起卦的方法，即让求测者说出或写出一个字、一个词或一句话，如果字数少，则以文字的笔画数起卦，如果字数较多，则以文字的字数起卦。传统上以文字笔画数起卦是以繁体字为标准的(参见《康熙字典》)。以下简要介绍几种以文字起卦方法。

(1) 单字起卦。将单字拆分成两部分,或上或下、或左或右、或内或外,如无法拆分则不能起卦。以两部分的笔画数按先天八卦取数规则,定出上下卦数,字的总笔画数加当时时辰数之和除以六的余数为动爻数。

(2) 两字起卦。以第一个字的笔画数作为上卦数的来源,第二个字的笔画数作为下卦数的来源,两字总笔画数加当时时辰数之和除以六为动爻数。

(3) 三字起卦。以第一个字的笔画数作为上卦数的来源,第二、第三个字的笔画数之和作为下卦数的来源,三字总笔画加时辰数之和为动爻数的来源。

(4) 四字起卦。以前两个字的笔画数之和作为上卦的数的来源,后两个字的笔画数作为下卦数的来源,四字总笔画数加时辰数之和为动爻数的来源。

当字数越多,笔画数就越多,虽然也可以继续以笔画数起卦,但因计算复杂且容易算错,因此不建议以笔画数起卦,而是以字的个数来取数。邵雍提出的方法是四个字以上则以字的音调数起卦,按"平、上、去、入"四声分别计数为一、二、三、四,以此起卦。但由于古代四声音调与现代普通话音调不完全相同,因此今人基本不用此法。至于多少字以上调整起卦方法(以笔画数起卦改为以字数起卦),没有固定的标准,看起卦人自己的习惯。

(5) 较多字起卦,可采用字数起卦。将字数分成两组,如果这一组字的个数为偶数,则均分两组;如果字的个数是奇数,则前组比后组字数少一个。按两部分的字数起卦,具体方法同"数字起卦"。

这里以邵雍所著《梅花易数》中记载的一个卦例做说明:有人曾问邵雍先生说:"今日动静如何?"邵先生即以所问的这六个文字起卦,说:"今晚有人请客,有酒、有鸡,还有黍,饭菜不多,客人不多,喝酒不醉。"到了晚上,果然应验。起卦及解卦如下:邵雍将"今日动静如何"这六个字中"今日动"三个字作为上卦数来源,"今、日、动"三字的音调分别是平声(一)、入声(四)、去声(三),其和为八,即上卦为坤卦;以"静如何"三个字来确定下卦。"静、如、何"三字的音调分别是去声(三)、平声(一)、平声(一)，其和为五，对应下卦为巽卦。又用八加五得数为十三，除以六余数为一，即为初爻动。算得本卦为地风升(䷭)，初爻动变成地天泰(䷊)。以地风升中间四爻形成的互卦为上震卦下兑卦。地风升卦的"升"字有登阶的意思，互卦中出现了震兑卦，在古时有东席西席的区别，卦中兑的卦象为口，坤的卦象为腹，可以解释为口腹的事情，因此知道今晚有人来请客。"人不多"是因为坤卦的土单独在卦中，没有同类的卦气；"酒不醉"是因为卦中没有坎水；"有鸡有黍"是因为坤卦又代表黍稷，升卦中没有相生的卦气，所以断言酒不多，饭菜也不多。

物象起卦

以物象起卦，就是以当时观看到的任一物象起卦，这里指的物象是包罗万象的，包括人的各种相关特征、正在活动或变化的物体或情景、静止不动但预测时被特别关注到的静止物体等。这种取卦方法极其灵活，方式多样，甚至同一个物象可以根据预测人的灵感不同而起出不同的卦。例如，预测时如果特别关注到来人的穿着，上衣为红色，裤子为黑色。就可以以上衣颜色取上卦，以裤子颜色取下卦。八卦中离为火，为红色，坎为水，为黑色，因此起出的卦为火水未济(䷿)；再以当时的时辰结合离、坎二卦算出动爻。再举一例：看见一位中年妇女走过，八卦中离卦代表中女，即可以以中年妇女为离卦起成上卦；行走是脚的，震卦代表足，因此可取震卦为下卦，起出的本卦即为火雷噬嗑卦。

关于八卦对应的万物类象，前文已经有所叙述，主要依据《周易》中阐述的八卦各自特性而定，世间万物都可以归类到八卦中。《梅花易数》中也给出了《八卦万物属类》表，需要指出的是，此书给出的万物类象只是宋代以前的事物，社会发展至现代，产生了许多新生事物，不可能出现在书中，因此判定现代新事物的八卦属性主要依据《周易》八卦的特性而定，不能拘泥于古人之说。以电脑为例，电脑更多的与电、文书关系紧密，而离卦有电、文书的属性，因此电脑可以归类为离卦。

《梅花易数》将八卦万物属类部分列举如下(为方便记忆，部分生僻的类象省略)：

乾卦：天、父、老汉、高官、头、马、圆的物体、刚硬的物体、大红色。

坤卦：地、母、老妇、土、牛、腹部、脾胃、车、黍米、方的物体、黄色。

震卦：雷、长男、龙、足、肝、树、竹子、绿色。

巽卦：风、长女、大腿、鸟类、百草、枝叶、直的物体、绿色。

坎卦：水、中男、耳、血、肾、雨雪、鱼、猪、盗贼、有核的东西、黑色。

离卦：火、中女、日月、目、心、野鸡、电、文书、有壳的东西、红色、紫色。

艮卦：山、少男、土、狗、手、指、骨、鼻、土中之物、黄色。

兑卦：泽、少女、舌、肺、羊、折断的东西、带口的物品、仆人、白色。

方位起卦

这种方法也叫"端法后天起卦"，即"以八卦万物属数为上卦，以后天八卦方位为下卦"。意思是以人或物或情景所对应的物象（主要依据八卦对应的万物类象）为上卦，以其所在的后天八卦方位为下卦（注意这里用的是后天八卦而不是先天八卦，关于先天八卦和后天八卦请参考本书有关章节内容），以上、下卦数加时辰数除以六的余数取动爻。端法后天起卦与之前介绍的以时间、数字等起卦方法的不同点在于：以时间、数字起卦是"以数取卦"，根据计算出的数来对应先天八卦的卦，即先有数，后有卦，属于先天起卦法。而端法后天起卦则相反，是"以象起卦"，根据象（事物类象、后天八卦方位等）确定卦，再由卦定数（先天八卦数），即先有象，后有数。

例如，《梅花易数》中的"老人有忧色占"例：巳丑日卯时，邵雍先生正在散步，忽然看见一位老人往东南方向行走，面带忧愁。于是邵雍就问这位老人有什么忧愁的事情，老人回答说没有。感到非常奇怪的邵先生于是就立即起卦：老人在八卦的类象中为乾，往东南走，东南方向在后天八卦中为巽。因此起出的卦就是上乾下巽，得天风姤卦。求动爻则以上卦乾先天八卦数为一，下卦巽数为五，卯时数取四，三数相加，其和为十除以六余数为四，四爻为动爻，天风姤变为重巽卦（上卦下卦都为巽）。因此本卦天风逅，变卦巽为风。

读者需要区分，端法后天的方位起卦法与先天的时间起卦法、数字起卦法及文字起卦法的原理有所不同。先天起卦法是以"数"取卦，即将求测信息先转化为数，然后由数确定卦。而方位起卦是以"象"取卦，即直接以类象和方位信息确定卦，有的时候可以两者兼用。但需要牢记梅花易数一个重要的占卦原则，就是："先天之数、后天方位"。即取数的话以先天八卦的数字规则为准（乾一、兑二、离三、震四、巽五、坎六、艮七、坤八），取方位的话以后天八卦的方位规则为准（乾西北、坎正北、艮东北、震正东、巽东南、离正南、坤西南、兑正西），切忌混淆。

以上介绍了五种常用的起卦方法，另外还有几种较少用的起卦方法，如奇门遁甲起卦、易隐起卦等，本书不作介绍。读者在起卦时可以根据自己的习惯和偏好，选择任何一种方式起卦。

第二节 解 卦

通过起卦得到一个大成卦后，下一步就是解卦了。解卦也称断卦，即运用易经及相关理论知识来解释得到的卦，给出分析和判断。本书介绍常用的三种解卦方法：卦爻辞法，梅花易数法，纳甲筮法。这三种方法中，卦爻辞法历史最久，据文献考证至少在春秋时代就已经存在，是《周易》最基本的解卦方法；纳甲筮法是由汉代的焦延寿、京房创立的；梅花易数是由北宋邵雍创立的。三种方法各有所长，卦爻辞法相对最简单，但现在使用者较少；纳甲筮法最为复杂，基本是专业人士采用的方法；而梅花易数看起来相对简单，但需要解卦者有较高的悟性和阅历才能准确解读。

一、卦爻辞法

卦爻辞法是与易经关联最紧密的解卦方法，是一种根据卦的卦辞、爻辞以及卦象进行分析和判断的解卦方法，有时可以单独使用卦辞、爻辞或卦象来解卦，也可以同时使用其中两种或者全部三种方式综合解卦。卦爻辞法由于是直接依据《周易》原文解卦，因此具有很大的抽象性和多义性，需要根据求测问卦的主题来充分领悟卦象、卦辞或爻辞的内在含义，触类旁通，类比推演，从而得出占卦的结论。

卦爻辞法的具体步骤是：当通过上节介绍的任意一种起卦方法得出

一个本卦后,根据动爻变化的情况会出现七种可能(如果采用随机起卦法,就有且只有一个动爻):

第一,本卦的六个爻都不变(只有本卦,没有变卦)。

第二,一个爻变。

第三,同时两个爻变。

第四,同时三个爻变。

第五,同时四个爻变。

第六,同时五个爻变。

第七,同时六个爻都变。

需要说明的是,前面提到的三种起卦方法,只有蓍草起卦法和铜钱摇卦法才可能同时出现多个变爻或动爻,而所有的随机起卦法有且只能有一个变爻。

根据变爻数量的不同,有不同的解卦方法。这里以宋代朱熹在《周易启蒙》中归纳的七条规则作参考(读者注意区分卦辞与爻辞)。

第一,六爻都不变,依据本卦卦辞来解卦。

第二,一爻变,以本卦变爻的爻辞来解卦。

第三,两爻变,以本卦两个变爻的爻辞解卦,以上爻爻辞为主、下爻爻辞为辅。

第四,三爻变,以本卦卦辞与变卦卦辞综合解卦,以本卦卦辞为主,变卦卦辞为辅。

第五,四爻变,以变卦中两个不变爻的爻辞解卦,以下爻爻辞为主。

第六,五爻变,以变卦中不变爻的爻辞解卦。

第七,六爻都变,如果是乾、坤两卦就以用九、用六的爻辞解卦,其他则用变卦的卦辞解卦。

再以上节"起卦"部分中提到的三个卦例说明如下:

蓍草起卦法得出的火山旅卦(☲☶)变山火贲卦(☶☲),第三、六爻为变爻,以本卦火山旅的六爻爻辞为主解卦,爻辞为"鸟焚其巢,旅人先笑后号咷。丧牛于易,凶"。同时辅助参考本卦第三爻的爻辞"旅焚其次,丧其童仆,贞厉"。

铜钱摇卦法得出的水山蹇卦(☵☶)变水火既济卦(☵☲),初爻动,以本卦水山蹇的变爻初爻的爻辞解卦,爻辞为"往蹇来誉"。

随机起卦法得出的火雷噬嗑卦(☳)变山雷颐卦(☳),四爻动,以本卦火雷噬嗑的变爻四爻的爻辞解卦,爻辞为"噬干胏,得金矢。利艰贞,吉"。

以上三例爻辞的具体解释可参考相关书籍上的白话文翻译,这里不再赘述。

一般来说,卦辞、爻辞以及《十翼》在卦爻辞法断卦中的作用如下:

卦辞是一个大成卦的总纲,全面系统地反映了一卦的总体含义。原则上,卦辞吉则所测之事吉,卦辞凶则所测之事凶。卦辞对本卦的六个爻辞具有指导作用。爻辞是一个大成卦的过程表现,它详细地揭示了所测之事在各个时间段的状态。原则上,爻辞吉则所测之事吉,爻辞凶则所测之事凶。比较卦辞和爻辞,爻辞的意义要重于卦辞。明代著名易学大师刘伯温曾说:爻神吉而易辞凶,先吉后凶;爻神凶而易辞吉,先凶后吉。而《十翼》中的彖辞、象辞、序卦、杂卦等是对卦象、卦辞、爻辞的解释,因此如果无法准确理解卦辞爻辞的含义时,需要从相应的彖辞、象辞以及序卦、杂卦中寻求卦辞爻辞的寓意。

虽然依据《周易》的卦爻辞可以断卦,方法也比较简便,但由于《周易》原文简略且深奥难懂的原因,以此方法断卦容易存在含义模糊,模棱两可的情况,有时给出的解释与求测的内容风马牛不相及。这需要断卦者有较高的悟性和丰富的社会生活经验。同一个卦,不同的人可能会有不同甚至相反含义的断法,因此,山东大学教授、当代易学研究学者刘大钧说:"所占卦爻辞的吉凶对于占卦者没有多大意义,解卦之人愿说吉,就可找到吉的理由,愿说凶,就可以找出凶的原因。"所以,卦爻辞法流传至今,单纯使用此法解卦的人已经不多了,大多都是结合其他的解卦方法来综合分析推断。

在《论衡·卜筮》中记载了这样一个故事:鲁国打算征伐越国,孔子的弟子子贡为此事卜筮,得到鼎卦的第四爻"九四,鼎折足,覆公餗,其形渥,凶"的结论,子贡认为大鼎的腿足折断了,而行军打仗离不开腿,腿断了怎么能打胜仗?因此预测征伐越国是件不吉利的事情,可能会导致失败。而孔子却根据爻辞认为征伐越国是件吉利的事情,因为越国人主要是生活在水上，那个地方行走是用船而不是用腿足，因此断定是吉利的。后来鲁国果然战胜越国。这个故事说明了卦爻辞法预测的多样性和辩证性，需要断卦人的悟性和生活阅历。当然，本书的宗旨是将占卦作为预测和假设的参考，以此来启发灵感，开拓思路，运用假设，完善计划。不应完全迷信占卦的结论。

再举一例，清代大才子纪晓岚学识渊博，诗词文章、诸子百家学说样样精通，对易经也有较深的研究，曾被乾隆皇帝钦命为《四库全书》总纂。据说他少时参加乡试，他的老师为他占了一卦，得泽水困卦，六三爻动。他的老师根据主卦泽水困第三爻的爻辞"困于石，据于蒺藜，入于其宫，不见其妻，凶"，认为此次考试不吉，可能难于上榜。纪晓岚则说：爻辞说行路而被石头绊倒，手抓在蒺藜之上，则他的妻子将被骗劫，我回到家里，不见妻子。但现在我尚未娶妻，有何妻可见？"不见其妻"，应该是说无人能与我匹敌，恐怕要中解元。"困于石"，是说第二名姓名中有石字或石字旁，而第三名可能是姓米或者姓名中有米字旁的。发榜之后，纪晓岚果然高中第一，第二名为石姓之人，第三名姓米。因为《周易》的卦爻辞是一种表征式的概述，爻辞"不见其妻"，妻子也即配偶，既然无人与之为偶，无偶可不就是独占鳌头的含义！又因为米字形象蒺藜，所以第三名断为米姓之人。可见纪晓岚在学生时代就具备《周易》的变易思维，比生搬硬套易经卦爻辞的老师还高一筹。

卦爻辞法是中国古老的解卦方法，由于直接与《周易》关联使它也拥有巨大的影响力。在我们的邻国日本，有一位易学大家就使用这种方法解卦，他就是19世纪日本明治时代的高岛吞象。他撰写的《高岛易断》是研究《周易》占断的一部巨著，是世界易学史上的奇书，百余年来以多种文字在世界各国广为流传，在易学领域占有非常重要的位置。书中记载了八百多个高岛占卦的卦例，内容涉及修身、齐家、治国、战争、经商、婚丧嫁娶等广泛内容，上至政府高官，下至平民。据说准确率奇高，令人拍案叫奇。高岛还有一个可贵的品质，替人占卦从不收取报酬，拒绝与商业挂钩，令人敬佩。

这里举一个典型的高岛学《易》的例子，高岛年轻时期因不慎从事违规金融业务而锒铛入狱，在狱窗无聊之时，偶然得到一本《周易》，顿时兴趣大开，埋头苦读。并且，他用纸捻成筮草，为其他的囚犯们进行占卦。这时候的预测实践，成为当时监狱中的很好的娱乐，也奠定了高岛氏的易学功底。1862年，与他相处良好的囚犯，提出了越狱的计划，高岛拒绝了，并且用易经预测得履之井卦（本卦为履卦，变卦为井卦），越狱最终以悲惨的失败而结束。当时高岛也被袭击受伤了，而恰在此时，在潮湿而混乱的监狱里，他抬头看见天空上方，平时用来吊衣服的绳子垂了下来。高岛顿时领悟了变卦水风井卦的意义，沿绳子爬上而逃生。这不就像水井的吊水之绳一样地升落，不正是水风井的卦意吗？他恍然大悟，沿着绳子钻入衣服中隐藏，才躲过杀身之祸。此后，他被监狱的看守长请求占卜，十分灵验，使那个官员许多事情获得成功。那个官员请求上级缩减了高岛的刑期，高岛于1865年被释放，自此潜心研究易经，成为日本的易学大师。

对于初学易经的人来说，笔者建议他们解卦时先采用卦爻辞法。一则解卦过程相对简单，容易上手；二则可以借助解卦来加深对《周易》原文的理解和掌握。

二、梅花易数

梅花易数是象数派中一个非常重要的断卦流派。其断卦体系相对简洁且易于理解，入门较为容易。因此适合包括专业研究人士和业余爱好者在内的广大易学爱好者使用，也是本书重点推荐的占卦（预测）方法。

"梅花易数"之名来自于一本书名《梅花易数》，相传为北宋易学大师邵雍所作。有人考证《梅花易数》其实并非邵雍本人所写，而是后人假托其名。无论此书是否是邵雍亲自撰写，此书的主要思想来自邵雍无疑。"梅花"二字就是从邵雍著名的一个卦例"观梅占"而来（见图13-4）。

《梅花易数》中记载："辰年十二

图 13-4 邵雍观梅占

（绘图：傅瑞学）

月十七日申时,康节先生偶观梅,见二雀争枝坠地。先生曰:'不动不占,不因事不占。今二雀争枝坠地,怪也。'因占之:辰年五数,十二月十二数,十七日十七数,共三十四数,除四八三十二,得二,属兑,为上卦;加申时九数,总得四十三数,五八除四十,零得三数,为离,作下卦。又上下总四十三数,以六除,六七四十二,得一零为动爻。是为泽火革,初爻变咸,互见乾、巽。断之曰:详此卦,明晚当有女子折花,园丁不知而逐之,女子失惊坠地,遂伤其股。右兑金为体,离火克之,互中巽木复生起离火,则克体之卦气盛。兑为少女,因知女子被伤;而互中巽木,又逢乾金、兑金克之,则巽木被伤。而巽为股,故有伤股之应。幸变为艮土,兑金得生,知女子但被伤,而不至于凶危也。"

这个例子解释如下:辰年十二月十七日申时,邵康节(即邵雍)先生偶然观赏梅花,看见两只麻雀为争夺一个树枝枝头而双双坠落到地上。邵康节先生说:"没有变化不占卦,没有事情不占卦。现在两只麻雀为争夺树枝而掉到地上,这是怪事。"于是起卦:辰年的数取五,十二月的数取十二,十七日的数取十七,三个数相加共三十四。三十四除以八的余数是二,二属兑卦,即为上卦。加上申时数为九,其和为四十三,除以八得到余数三,三为离卦,即为下卦。再将总数四十三用六去除,余数为一,初爻动。这样就得到泽火革卦,初爻动变为咸卦。而革卦的互卦是上乾、下巽。因此,邵康节先生断卦说:"详细推演此卦,明天晚上应当有一年轻女子来折花,园丁不了解情况而驱赶她,女子受到惊吓坠落到地上,摔伤了大腿。因为在革卦中,上卦兑卦为体,属兑金,下卦离卦为用,属火。离火克兑金,互卦中巽木又生离火,火更旺,克体的卦气旺盛。兑代表少女,因此推断有年轻女子受伤,而互卦中的巽木,又遇上乾金、兑金克制它。于是巽木被折伤,而巽在人体部位中代表大腿,因此有年轻女子摔伤大腿的应验。幸亏初爻动使得离卦变成艮卦,艮属土,兑金得到艮土的生助,可以推断年轻女子只是摔伤,而不至于有太大的凶险。"邵雍的这个预测在第二天晚上丝毫不差地得到验证,令人称奇,这就是著名的"观梅占"。

读者也许暂时不能完全理解这段话的意思,少安毋躁,等读完本节内容后,回头再看此例便会豁然开朗。

在我们具体介绍梅花易数断卦方法之前,先介绍几个术语或基本概念，其中部分内容在前面的章节中已有所介绍。

体用论及体卦、用卦

"体"与"用"是中国古代哲学的一对重要概念。《周易》中就有"体"与"用"二字。《系辞传》(上)说："显诸仁，藏诸用。"这里的"用"指作用、功能。《系辞传》说："阴阳合德，而刚柔有体。"这里的"体"是指实际存在的本体。这就是后来哲学中体用概念的源头。

唐代经学家崔憬在《周易探元》中给予"体""用"二字作了明晰的解释，他说："凡天地万物，皆有形质。就形质之中，有体有用。体者即形质也，用者即形质上之妙用也。"崔憬解释"体"即是实实在在的形质(形体和本质)，"用"即是形质所有的作用。

与"体"的概念意义相同或者相近的有"本""质""本体""实体"等；与"用"的概念意义相同或相近的有"作用""效用""用途""末"等。简单地说：本是基本，用是运用；本是用的基础和本质，用是本的发挥和表现；体是根本的，第一性的，用是从生的，第二性的。体用二者不仅有密切的联系，而且有首要与次要的分别。例如晚清著名的洋务派代表人物张之洞提出的"中学为体，西学为用"，体用概念在哲学以外的领域也有着广泛的应用。

梅花易数断卦法中也用到了体用概念，据《梅花易数》中的"体用总诀"云："体用云者，如易卦具卜筮之道，则易卦为体，以卜筮用之。此所谓体用者，借体用二字以寓动静之卦，以分主客之兆，以为占例之准则也。大抵体用之说，体卦为主，用卦为事；互卦事之中间，刻应变卦为事之终应。"这段话的意思是，所谓体用之说，就好比易经的卦具有卜筮的功能，那么易经的卦就是体，卜筮就是用，这就是体用的概念。借助体用两个字来寓意动卦和静卦，目的是搞清楚主体和客体的区别，作为占卦的准则。一般来说，体用论就是体卦为求占的主人，用卦为所占问的事情，互卦为事情的中间过程，变卦为事情的最终结果。

梅花易数的"体用总诀"中明确定义了体卦和用卦的概念：所谓体卦和用卦都是组成大成卦的上卦或下卦，即经卦(或单卦)，也即都是三爻卦而非六爻卦。通过随机起卦法得到的一个本卦(大成卦)，大成卦包含上、下两个经卦（或称外、内两个经卦），梅花易数解卦法分别把它们确定为体卦和用卦。那么如何确定哪一个是体卦？哪一个是用卦？关键是看动爻所在的位置。动爻所在的经卦就是用卦，没有动爻的经卦就是体卦。梅花易数的起卦方法是采用随机起卦法，随机起卦法与蓍草起卦和铜钱摇卦法不同的是它只能有一个动爻，而且必须是一个动爻。因此体卦和用卦也是明确确定的。如果动爻出现在上经卦的三个爻中，那么上卦就是用卦，下卦就是体卦；如果动爻出现在下经卦中，那么下卦就是用卦，上卦就是体卦。

仍以前一节的卦例说明：前文用随机起卦法得出的火雷噬嗑卦（☲☳）变山雷颐卦（☶☳），四爻动。动爻出现在上经卦的三个爻中，那么火雷噬嗑卦的上卦就是用卦，即离卦（☲）是用卦，也即代表所占问之事、对方或他人；下卦是体卦，即震卦（☳）是体卦，也即代表求占卦的主人或当事人。

本卦、互卦、变卦

本卦、互卦、变卦是梅花易数解卦的三大主卦。本卦和互卦的概念在之前已经介绍过。本卦即是通过起卦方法首先得出的一个大成卦，互卦是将本卦中的二、三、四爻拿出来作为新的下经卦，三、四、五爻拿出来作为新的上经卦，由这两个经卦重叠组合成新的大成卦，这个大成卦就是互卦。再以上节提到的例子作说明，用随机起卦法得出的火雷噬嗑卦（☲☳）变山雷颐卦（☶☳），火雷噬嗑卦就是本卦，山雷颐卦就是变卦，而将火雷噬嗑的二、三、四爻作为下卦，三、四、五爻作为上卦，组成的新卦即为火雷噬嗑的互卦，即为上坎下艮的水山蹇卦，如图 13-5 所示。

这里还需要介绍因互卦和变卦产生的互体卦、互用卦和变体卦、变用卦的概念。本卦的体用两卦确定后，相应的互卦和变卦的体用两卦也随之确定。如果本卦的体卦在上卦，那么互卦和变卦的体卦也都在上卦；本卦的体卦在下卦，那么互卦和变卦的体卦也都在下卦。互卦的体卦称为互体卦，互卦的用卦称为互用卦；变卦的体卦称为变体卦，变卦的用卦称为变用卦。仍以火雷噬嗑卦变山雷颐卦、四爻动为例，互卦为水山蹇卦，因为动爻在本卦的上卦中，上卦为用卦、下卦为体卦。那么互卦的下卦就是互体卦，为艮卦；互卦的上卦即是互用卦，为坎卦；变卦的下卦是变体

火雷噬嗑　　　　　　水山蹇　　　　　　山雷颐

图 13-5　本卦、互卦、变卦示例

卦，为震卦；变卦的上卦是变用卦，为艮卦。

　　用梅花易数断卦时，互卦揭示所占问事情或人在发展过程中的动态状况，有时互卦也暗示所占问事情或人的一些隐情。互卦在推断过程中不以大成卦而应以经卦来推断分析，也即互卦不考虑整体的大成卦的作用，只单独考虑互体卦和互用卦，重点分析这两个经卦对体卦的影响，而互体卦对体卦的影响要大于互用卦。

　　变卦揭示所占问事情或人的最终结果，因为变卦是从本卦变化而来，而变体卦中又没有动爻，因此变卦中的变体卦其实是和本卦的体卦相同，因而实际断卦中不考虑变体卦的作用，而只考虑变用卦的影响。

卦气旺衰

　　卦气之说源自易经，是个比较复杂的概念，简单地说是指某卦在特定环境下表现出来的特质，主要用易经的八卦来表象事物的阴阳对立（或五行生克）的静态属性和消长的动态变化规律。卦气与天文、季节、地理等都有密切关系。而在梅花易数解卦中，卦气是一个极其重要的概念，是指一个卦（大成卦或经卦）因本身具有的五行属性与所处季节的关系而产生的气场（状态）。梅花易数中主要考察八经卦的卦气，每个八经卦都因自己的五行属性而具有各自的卦气（气场）。乾卦和兑卦五行属金，因此具有金的卦气（气场）；震卦和巽卦五行属木，因此具有木的卦气；坤卦和艮卦五行属土，因此具有土的卦气；离卦五行属火，因此具有火的卦气；坎卦五行属水，因此具有水的卦气。

　　卦气的旺衰主要是根据其五行属性与当时的季节状态之间的关系而

定。我们知道一年有四个季节,春、夏、秋、冬。一年四季,由于寒暖燥湿各不相同,所以金、水、木、火、土五行也随季节的变化而有不同的旺衰表现。由旺至衰,由衰至旺,周而复始。五行在一年四季十二月中的由旺到衰的不同状态,在五行学说中分别称为旺、相、休、囚、死五种状态。梅花易数解卦时又把这五种状态简化归类为两种状态,即旺和衰。

旺,指所测事物(卦、爻等)的五行与占卦时所在季节(或月)的五行属性相同或被所在季节(或月)的五行所生助(生),则称之为旺。例如农历一月,五行属木,木生火。若所测事物(卦、爻等)的五行属性为木,或者为火,则在农历一月中卦气为旺。

衰,指所测事物(卦、爻等)的五行被占卦时所在季节(或月)的五行所克制、或所测事物(卦、爻等)的五行克制占卦时所在季节(或月)的五行、或所测事物(卦、爻等)的五行生助占卦时所在季节(或月)的五行,则称之为衰。例如农历一月,五行属木,木克土、金克木,水生木,那么所测事物的五行属性如果为土、金、水,则在农历一月中卦气为衰。

四季与五行的关系在前面"五行"章节中有过介绍,由于五行相互生克的关系,同一季节,各个五行的旺衰表现不尽相同,有的旺盛,有的衰弱,具体如下(当令即正当时令的意思):

春季(立春以后),农历一、二月(寅、卯月),木当令,木最旺,火次之;旺木克土,因此土最衰。

夏季(立夏以后),农历四、五月(巳、午月),火当令,火最旺,土次之;旺火克金,因此金最衰。

秋季(立秋以后),农历七、八月(申、酉月),金当令,金最旺,水次之;旺金克木,因此木最衰。

冬季(立冬以后),农历十、十一月(亥、子月),水当令,水最旺,木次之;旺水克火,因此火最衰。

农历三、六、九、十二月(辰未戌丑月),即四季中的最后一个月,土当令,土最旺,金次之;旺土克水,因此水最衰。

图 13-6 揭示了金木水火土五行在各个季节的五种状态。

这里引出一个"月令"的概念,也称"月建",指占卦当月的月地支,月建或月令(地支)在当月的三十日中当权当令,月建的五行属性可以在这

季节	月份	月建	旺	相	休	囚	死
春季	1月、2月	寅卯	木	火	水	金	土
夏季	4月、5月	巳午	火	土	木	水	金
秋季	7月、8月	申酉	金	水	土	火	木
冬季	10月、11月	亥子	水	木	金	土	火
四季	3、6、9、12月	辰未戌丑	土	金	火	木	水

图 13-6 五行在各个季节的状态(旺、相属旺；休、囚、死属衰)

段日子里主宰"生杀大权"，对卦爻的旺衰有着直接影响。例如在农历一月占卦，一月也即寅月，寅即农历一月的月建或月令，也就是说占卦时的月建或月令是五行为木的寅，如果所占卦对应的五行为木，对应的地支是寅，则就称所占卦为当令、当月建、值月令、值月建等。

同理，如果占卦当日的地支也恰好为寅，那么所占的卦与日支五行属性相同，称为"值日""当日值"。

《梅花易数》中有一篇"体用总诀"，它对卦气在梅花易数中的应用总结如下："体之卦气，宜盛不宜衰。盛者，如春震巽、秋乾兑、夏离、冬坎，四季之月坤艮是也。衰者，春坤艮、秋震巽、夏乾兑、冬离、四季之月坎是也。"这段话就是有关卦气旺衰的总纲。意思是体卦的卦气，应该旺盛而不是衰弱才有利。如何才是旺盛的卦气？就是春天的震卦和巽卦，秋天的乾卦和兑卦，夏天的离卦，冬天的坎卦，四个季度的最后一个月的坤卦和艮卦。如何才算衰弱的卦气？就是春天的坤卦和艮卦，秋天的震卦和巽卦，夏天的乾卦和兑卦，冬天的离卦，四个季度的最后一个月的坎卦。

理解并记住上述的卦、爻、季节等与五行、八卦之间的对应关系，就掌握了易经中的时空转化规则。一句话：万物之间皆有联系。

体用生克

所谓体用生克，就是指体卦和用卦(也包括互体卦、互用卦、变体卦、变用卦)之间的生助或克制关系。这种关系是判断事情吉利或凶险的直接依据。体卦和用卦的生克关系是由它们五行属性决定的。

《梅花易数》中的"体用总诀"中对体用生克关系总结如下："宜受他

卦之生,不宜受他卦之克。他卦者,谓用、互、变也。生者,如乾兑金体,坤艮生之;坤艮土体,离火生之;离火体,震巽木生之。余皆仿此。克者,如金体火克,火体水克之类。体用之说,动静之机,八卦主宾,五行生克。体为己身之兆,用为应事之端。体宜受用卦之生,用宜见体卦之克。体盛则吉,体衰则凶。用克体固不宜,体生用亦非利。体党多而体势盛,用党多则体势衰。如卦体是金,而互变皆金,则是体之党多。如用卦是金,而互变皆金,则是用之党多。体生用为之泄气,如夏火逢土(亦泄气)。体用之间,比和则吉,互乃中间之应,变乃未后之期。故用吉变凶者,先吉后凶;用凶变吉者,先凶后吉。体克用,诸事吉;用克体,诸事凶。体生用有耗失之患,用生体有进益之喜;体用比和,则百事顺遂。"

　　这段话解释如下:体卦应该是被其他卦生助为好,而不是被其他卦克制。所谓其他卦,即用卦、互卦(包括互体、互用)、变卦(包括变体、变用)。所谓生助的意思是,假设乾、兑为体卦,属金,那么坤、艮卦属土,土生金,坤、艮卦就生助乾、兑卦;假设坤、艮卦为体卦,离卦属火,火生土,就是离卦生助坤、艮卦;假设离卦为体卦,震、巽卦属木,木生火,震、巽卦生助离卦。其他的都类似这个道理。所谓克制的意思是,假设体卦属金,便被火克;体卦属火,便被水克,都是一个道理。关于体用的说法,其实就是指事物动静的区分玄机、八卦的主体客体之分、五行的相生相克等。体卦是自身的状态和表现,用卦是对应之事的状态和表现。体卦宜于受到用卦的生助,用卦宜于受到体卦的克制。体卦卦气旺盛一般就是吉利,体卦卦气衰弱一般就是凶险。用卦克体卦固然是不合适,体卦生用卦也不是吉利的事情。如果与体卦五行相同的同类卦越多,体卦就越旺盛,如果与用卦相同五行的同类卦越多,体卦就越衰弱。假设体卦属金,互卦、变卦也都属金,这就是体卦的同类卦多。如果用卦属金,互卦、变卦也都属金,这就是用卦的同类卦多。体卦生用卦,这称为"泄气",用卦泄了体卦的卦气,例如夏天的火遇见土就是泄气。体卦和用卦之间,如果是比和(体卦和用卦五行相同)就表示吉利,互卦是表示事情中间过程的应兆,变卦是事情最终结果的暗示。因此用卦由本卦的吉利变为变卦的凶险时,先吉利后凶险;用卦由本卦的凶险变为变卦的吉利时,先凶险后吉利。体卦克制用卦,预测的事情都是吉利的;用卦克制体卦,预测的事情都是凶险的;

体卦生助用卦有消耗损失的忧患；用卦生助体卦有收获补益的喜事，体卦和用卦比和，则一切事情都顺心如意。

总之，体用生克关系的一般原则如下：

① 用卦生助体卦，预测的事情顺心如意，天助地成，属于大吉；

② 体卦用卦比和，预测的事情和谐顺利，属于吉利；

③ 体卦克制用卦，预测的事情经过努力后可成功，属于小吉；

④ 体卦生助用卦，预测的事情有消耗损失的风险，属于小凶；

⑤ 用卦克制体卦，预测的事情不能成功，属于凶险。

另外，体用生克必须要考虑季节因素，也就是卦气的因素。预测时所处的季节决定了体卦、用卦等卦的旺衰，也会对体用生克关系有影响。这点在《梅花易数》中也有说明。

（1）凡是体卦旺，预测的结果一般是吉利的，即使有别的卦克制它，也因有月令相助而没大问题。体卦的卦气如果当令（值月令）的话，即为旺盛，春季的木、夏季的火、秋季的金、冬季的水、四季月的土，这些五行所属的卦都是旺盛的。

（2）凡是体卦衰，预测的结果一般都是凶险的，本来就得不到月令帮助或被月令克制，如果又没有其他卦生助它，那么预测的结果就更凶险。但如果有其他卦生助它，就会没大问题。

（3）用卦、互用卦、互体卦、变用卦中如果有克制体卦的，那么它衰弱则有利于预测之事，因为本身就衰弱无力，拿什么去克制体卦？旺盛则不利于预测之事。但如果体卦旺盛，即使有其他的卦（无论旺盛或衰弱）来克制它，也没有什么大问题。例如秋天的金，无比旺盛，即使有火克制它，也没有大问题，这就是"真金不怕火炼"。但如果体卦衰弱，其他克制它的卦又旺盛的话，事情就会更凶险，犹如"雪上加霜"。

（4）用卦、互用卦、互体卦、变用卦如果不是克制体卦的话，那么它们也是越多旺盛越好。如果它又能生助体卦，更是越旺越吉利，犹如"锦上添花"。如果它们即使衰弱，也对体卦没什么影响。

除了上述的体用说、本互变卦、卦气旺衰、体用生克之外，梅花易数解卦还需要掌握一些重要的概念。

（1）先天八卦之数

即先天八卦中的每卦代表的数字，乾一、兑二、离三、震四、巽五、坎六、艮七、坤八。

（2）后天八卦之方位

即后天八卦中的每卦代表的方位，乾西北、坎正北、艮东北、震正东、巽东南、离正南、坤西南、兑正西。

（3）五行的生克关系

金生水，水生木，木生火，火生土，土生金；金克木，木克土，土克水，水克火，火克金。

（4）八卦所属的五行

乾、兑属金，坤、艮属土，震、巽属木，坎属水，离属火。

（5）天干地支及其与五行、方位的关系

甲乙东方木，丙丁南方火，戊己中央土，庚辛西方金，壬癸北方水。子水、丑土、寅木、卯木、辰土、巳火、午火、未土、申金、酉金、戌土、亥水。

梅花易数占卦步骤

掌握了以上相关知识后，读者就可以用梅花易数解卦了。

通过随机起卦方法得到一卦后，也即有了本卦，接着推算出变卦、互卦。再根据动爻的位置在本卦中确定体卦、用卦，在互卦中确定互体卦、互用卦，在变卦中确定变体卦、变用卦。然后开始下列解卦步骤。

（1）查阅并分析卦辞、动爻辞

这里的卦辞、动爻辞主要指本卦的卦辞和本卦的动爻辞，根据它们的吉凶来分析推断所测事物的吉凶，但一般还要结合后续步骤推测的结果统筹考虑。卦爻辞的吉凶如果与后面的体用关系吉凶相同，则事情吉；卦爻辞与后面的体用关系吉凶不相同，则需要根据实际情况统筹分析。一般多以体用关系的吉凶推断为主，卦爻辞的吉凶仅供参考。

（2）分析本卦的体用关系

主要依据如下原则推断本卦的体用关系：

① 用卦生助体卦，大吉；

② 体卦用卦比和（相同），吉；

③ 体卦克制用卦，小吉；

④ 体卦生助用卦，小凶；

⑤ 用卦克制体卦，凶。

体卦为主人、求测人或自己，用卦为所测的事情或他人。体卦和用卦还可以根据八卦万物类象代表其他事物。

（3）依次分析体卦与互体卦、互用卦、变用卦的关系

仍然依据"步骤 2"中的原则确定生克比和关系，分析相关各卦所代表的万物类象，判断事物吉凶。梅花易数讲究"体一用百"，即体卦只有一个，而其他卦都可以算作用卦。因此，互体卦、互用卦、变用卦都可以纳入用卦的类别中看待。

先看互体卦与体卦的关系，互卦是揭示事物发展过程中的状态，有时也隐藏着一些隐私信息，需要从五行关系、八卦类象、季节时间等多方面考量；再看互用卦与体卦的关系，互用卦对体卦的影响略低于互体卦，但也蕴藏着事物发展过程中的信息；再看变用卦与体卦的关系，变用卦与体卦的关系揭示了事物发展的最后结果。

（4）分析外部的克应关系

外部克应关系有两个方面。一是占卦时间，主要分析占卦当时所在的月令和日辰对体、互、变卦的卦气影响。卦气旺衰影响着体卦与诸用卦之间的生克关系。

二是要考虑外部应卦的预兆，也即"外应"，指起卦和解卦的过程中，周围环境（人或者事物）突然出现的变化，例如突然出现某人、突然关注到某种动物、突然刮风下雨等。外应也是推断事物吉凶需要考虑的内容，外应的吉凶与事物吉凶也有关系，这需要根据日常生活经验来判断外应的性质。例如遇见有人办喜事，对事情的影响也是正面的；如果听到某件令人无比开心的事情，对事情的影响也是正面的；如果突然听见不好的言语，对事情的影响就是负面的；看见不吉祥的动物，对事情的影响也是负面的；如果看见圆的物品，预示事情可能即将成功；如果看见残缺破损的物品，预示事情很可能会失败。这就是万事万物普遍都有联系的道理，就如"蝴蝶效应"一般，看似不相干的两件事情，其实它们之间有着必然的联系。

"蝴蝶效应"是指美国气象学家爱德华·罗伦兹（Edward N. Lorenz）1963 年在一篇论文中分析的一种效应：一只南美洲亚马孙河流域热带雨林中的蝴蝶，偶尔扇动几下翅膀，可以在两周以后引起美国得克萨斯州的一场龙卷风。其原因就是蝴蝶扇动翅膀的这一运动，导致其身边的空气系统发生变化，并产生微弱的气流，而微弱的气流的产生又会引起四周空气或其他系统产生相应的变化，由此引起一系列连锁反应，最终导致其他系统的极大变化，从而引发远在美国德克萨斯州的一场风暴。蝴蝶效应阐述了一个小变化能够引发一系列大反应的道理。

梅花易数对外应进行了总结和分类，共有"十应"：天时应，地理应，人事应，时令应，方卦应，动物应，静物应，言语应，声音应，五色应。这里不作详细介绍，读者可以参考有关资料。

（5）确定应期

应期即所预测事情结果的应验时间。应期可远可近，远则某年某月，近则某日某时。一个预测结论如果缺少应验的时间，也即无法判定所预测的结果将在何时发生，无疑是件美中不足的事情。准确地推断应期，才使得占卦更具有意义。但推断应期是一步难度非常大的工作，没有统一标准的推断规则可以参考，需要占卦者拥有较高的悟性、扎实的易经知识和丰富的生活阅历，一般有两种方法确定应期，有时甚至需要结合这两种方法以及生活常理统筹考虑。

第一种方法：先天数法。以本卦、互卦、变卦的先天八卦数确定应期，但这种方法比较复杂，没有统一的计数规则，有的是以成卦的数之和作为应期（成卦的数是指上卦数、下卦数、时间数），有的只计算本卦的体、用卦数之和，有的是本卦和变卦的数相加作为应期，还有的是只计算变用卦的数等，究竟采用哪种，需要根据实际情况判定，并无统一标准，这也是梅花易数一个待解决的难题。例如：用卦为乾金，体卦为坎水，用生体，用卦起关键作用，用卦属乾为一，则事情成功的应期就是一天内、一个时辰内、一个月或一年内。用卦为乾金，体卦为巽木，用克体，则事情失败的应期也是一天内、一个时辰内、一个月或一年内。至于到底是年、月、日还是时辰，要根据所测事物的性质以及生活常识而定。例如推测婚姻日期，显然不能以时辰计，推测器物的寿命，也一般用年来计。

第二种方法：卦气法。以相关卦的五行属性对应时间的天干地支来确定应期，用先天起卦法断卦定应期，一般要用到卦气旺衰结合体用关系来确定。

如用卦旺，又生助体卦，则应期就可能在用卦当月当日或值月值日的时间（值月值日的概念查阅前面《卦气旺衰》章节）。假设用卦属乾，乾卦旺盛且生体卦，乾卦就是决定因素，因为乾属金，那么应期应定在庚、辛、申、酉日或时或月或年（五行均属金），或者根据乾的方位为西北而把应期定在戌日，亥日（戌，亥亦在西北方）。

如用卦旺盛，又克制体卦，为不吉利之事，则应期可能在用卦当值的日子。例如占问疾病，得到的体卦为乾，其他卦中有离火卦来克制它，又没有坤、艮之类属土的卦来生扶它，那么就可以推断病情危殆，应验之日可能在巳、午这两日，因为巳、午属火，与离卦具有同样的五行属性。

另外，无论用哪种方法断应期，占卦者或求测者占卦时的动静状态对应期也都有影响，如果是坐着的，那么前面两种方法推测的结果则要更慢一些，如果是行走的则要快一些，如果是站着就不快不慢。具体快慢的幅度没有定论，《梅花易数》中推荐的原则是：坐则应期加倍，行走则应期缩短一半。这个说法仅供参考。

读者还记得前面曾经引用过《梅花易数》中的"老人有忧色占"卦例吗？邵雍看见一老人面有忧愁的向东南方向行走，于是就起卦得到本卦天风诟，变卦巽为风。于是邵雍对老人说：你在五天之内，要谨慎小心，恐怕有重大灾祸。果然在第五天，老人赴喜宴，因为鱼骨鲠喉而死。邵雍的推断是：此卦的爻辞很不吉利，天风姤卦巽木为体卦，乾卦为用卦金克木，互卦中又出现两个乾卦，全都是金克木，体卦又没有什么生扶之气，因此推断老人凶多吉少。被占测的人在路上行走，其应验将快一倍。于是就用成卦的数（乾一加巽五加卯四，和为十）取一半，即是五，应期为五，因此推断五天内出事。

《梅花易数》中还介绍了多种具体的占卦方法，如天时占、人事占、饮食占、求谋占、求名占、求财占、交易占、出行占、失物占、疾病占、官讼占等，读者可以参考此书，进一步加深对梅花易数解卦的理解。但必须指出的是，用梅花易数断卦，不要把思路拘泥于条框规则之中，呆板机械地去运用这些规则,需要有较高的悟性去融会贯通所有知识,甚至有时还需要灵感。但也要杜绝天马行空式地任性解卦,把什么都关联在一起,蒙着一个算一个,这种做法有悖于道德。

梅花易数占卦流程图

前面介绍了梅花易数解卦的方法,最后笔者设计总结了一个梅花易数占卦流程图,见图 13-7 所示,供读者参考。

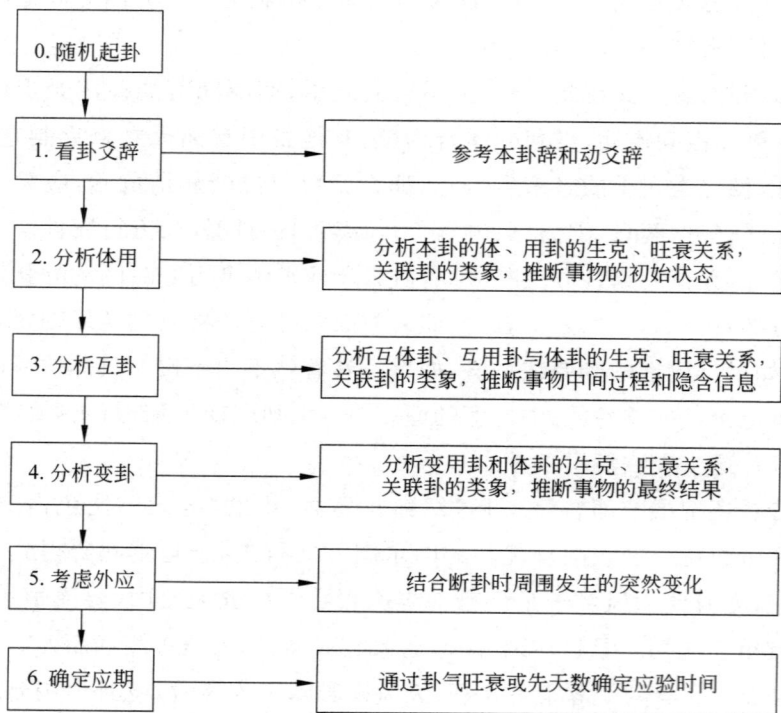

图 13-7　梅花易数占卦流程图

下面解读《梅花易数》中记载的另外三个经典卦例,"牡丹占""借物占"和"少年有喜色占"。

牡丹占

已年三月十六日卯时,邵雍先生与客人在司马公家里一起观赏牡丹。时值花开茂盛,客人就问:这花开得如此茂盛,也是有定数的吗?邵雍先生说:任何事物都有定数,你既然问了我就可以占一个卦看看。于是起卦，已年的地支顺序数为六，三月为三数，十六日为十六数，总共加起来为二十五，除八余数为一，先天八卦中乾为一，因此乾为上卦。二十五再加卯时地支顺序数四，得二十九，除八余数为五，先天八卦中巽为五，因此巽为下卦，这样得出本卦上乾下巽的天风姤。又以前面得出的总数二十九，用六来除，除六余数为五，即是五爻动，因此天风姤的第五爻变化而生成之卦火风鼎卦，互卦是重乾（上卦下卦都为乾卦）。于是邵雍对客人说：奇怪啊，这花在明天中午午时要被马践踏，然后就毁了。大家都愕然不信。次日午时，果然有达官贵人前来观看牡丹，随行的两匹马互相争斗，闯入花丛中胡乱践踏，牡丹花因此全部被毁。

邵雍是这么推断的：这个本卦是巽木为体，乾金克它，互卦是重乾，又来克制体卦，克体的卦较多，卦中又没有其他的卦来帮助体卦巽木，因此断言牡丹必然被毁。为什么推断是马来践踏花呢？主要看克制巽木的乾，乾的类象有很多，但从常理而言，人一般不会去毁坏如此好看的花，而乾的类象中还有马，因此推断是马来践踏花。为什么是午时呢？离火表示太阳旺盛，所以断定是午时。

借物占

某年冬天的下午酉时，邵雍先生在家里的炉子边烤火，突然有人敲门，先敲一声，停顿一会又连续敲了五声，说要借样东西。邵雍先生叫他先别说是什么东西，让儿子起卦占卜，预测一下人家要借什么东西。于是就以敲门的声音数起卦：先敲一声，取数为一，为乾，取为上卦；后敲五声，取数为五，为巽，取为下卦；又因乾一巽五加起来为六，再加上酉时的数十，和为十六，除六的余数为四，因此得到本卦天风姤卦，第四爻动变为之卦巽，互卦是重乾。卦中有三个乾金，二个巽木，因此预测是金木之类的物品。又因乾金短而巽木长的原因，邵雍的儿子推断说：金短木长，有金有木那是用在劳作上，这个东西应该是锄头。邵雍先生则说：不是锄头，而是斧头。一问敲门人果然是借斧头，儿子问怎么回事，先生解释说：通过数来断卦必须还要符合常理。以这个卦象推断，斧头也可以，锄头也可以。但以常理推断，天黑傍晚用锄头能干什么？不可能天寒地冻时摸黑去锄地。肯定是借斧子，因为斧子冬天可以劈柴烧火用。因此解卦用数还必须明白事理，只用数字来解卦而不考虑事理，那是预测不准的。学习起数占卦的人应当记住这一点！

少年有喜色占

某年某月壬申日的中午，邵雍先生看见一个年轻人从正南面走来，面上有欣喜之状，邵康节问他有什么好事？他回答说没有什么事。邵先生便为他占了一卦，得山火贲之风火家人卦，于是告诉他：在十七天之内，必定有订婚亲的大喜事，年轻人半信半疑。果然，到了第十七天，父母为他找到一个好姑娘订婚。邵雍是如何断卦的呢？他是采用端法后天起卦法，少年属艮卦，从南方来，南方的方位为离卦，组合起来就是上艮下离的山火贲卦。艮为七，离为三，再加上午时为七，三数之和为十七，除以六的余数为五，第五爻动。《周易》山火贲卦第五爻辞："贲于丘园，束帛戋戋，吝，终吉。"贲有修饰打扮的意思，有成亲之喜的寓意，加上变卦又是家人卦，互、变卦中又有多卦生体卦离火。邵雍综合起来分析，结论便是有成亲之喜。

三、纳甲筮法

纳甲筮法也称六爻法、火珠林法。最早是由西汉易学大家焦延寿以易经理论为基础创立的，后来传给另一位易学大家京房，京房又在焦延寿的理论基础上进行了重要创新，发展出一套完整的《周易》预测方法，就是纳甲筮法。它是依据"纳甲"的原理将六十四卦装配上天干地支，引入卦宫、六亲、六神等内容，分析天干地支与卦宫之间相生相克的关系，从而推断、预测事物的吉凶。纳甲筮法一经推出，就备受易学人士的追捧，不断发展完善，一直流传至今，成为《周易》预测的主流方法。由于纳甲筮法基础理论深奥、断卦体系复杂，一般人难以入门，需要花费大量时间才能领会，因此一般适合专业研究人士使用。笔者建议如果读者不是专门研究易经的人士，最好用前面介绍的卦爻辞法和梅花易数两种方法解卦，但有关纳甲筮法的一些基础理论知识还是需要了解一些，这样有利于易经知识的融会贯通。基于上述原因，本书对纳甲筮法只做简要介绍。

前面介绍的三种起卦方法（蓍草起卦、铜钱摇卦、随机起卦）都可以运用纳甲筮法来解卦。

下面先介绍纳甲筮法的几个重要术语或概念。

纳甲

所谓"纳甲"，是指将十个天干（甲乙丙丁戊己庚辛壬癸）和十二地支（子丑寅卯辰巳午未申酉戌亥）依据一定规则与卦爻建立起对应关系，即把天干地支纳入（或装入）卦中，因为天干地支的首位是甲，因此把这种方法取名为"纳甲"。所以，纳甲其实就是将天干地支纳入卦中，建立起天干地支与卦中各爻之间的对应关系，从而通过卦中各爻的天干地支之间五行生克的关系确定各爻之间的相互生克关系。实际应用中因为纳甲筮法一般只用地支而不用天干来分析卦爻，因此纳甲只须装入十二地支，即只把地支装入卦中的各个爻，天干不用考虑。所以，虽然名为"纳甲"，其实是"纳支"。

关于纳甲的规则比较复杂，其部分原理迄今也缺少合理充分的解释，本书略去纳甲方法的详细介绍，引用古人的一首《浑天纳甲歌》来总结纳甲的结论。

乾金甲子外壬午，坎水戊寅外戊申。

震木庚子外庚午，艮土丙辰外丙戌。

坤土乙未外癸丑，巽木辛丑外辛未。

离火己卯外己酉，兑金丁巳外丁亥。

这首诗说明的卦爻和地支的对应关系，以第一句话为例解释：凡是乾卦在内卦的大成卦，其第一爻就是甲子，称为纳甲子。然后第二爻和第三爻按照六十甲子顺序往后推，分别纳甲寅，甲辰。凡是乾卦在外卦的大成卦，那么乾卦的第一个爻应该属于本卦的第四爻，那么第四爻纳壬午，依次各爻位按六十甲子顺序往后推，第五爻纳壬申，第六爻纳壬戌。

为方便起见，读者不需要记忆纳甲的具体方法，将干支装入卦时只须查阅后文介绍的六十四卦纳甲、世应、五行、六亲全表即可，或者查询电脑软件。

卦宫与世应

所谓"卦宫"，其实是一种六十四卦的分类排列方法。将六十四卦分为八组，也即八个宫，这八个宫分别由乾、兑、离、震、巽、坎、艮、坤八个经卦领衔，因此称为乾宫、兑宫、离宫、震宫、巽宫、坎宫、艮宫、坤宫。而这八个经卦也分别称为各自宫的本宫卦,如乾卦就是乾宫的本宫卦,坤卦就是坤宫的本宫卦。其他五十六卦按照一定的规则(卦中爻的某种变化规律,具体参看有关文献)分别平均归入这八宫中,例如乾宫中有乾、姤、遁、否、观、剥、晋、大有八个卦,坤宫中有坤、复、临、泰、大壮、夬、需、比八个卦,如图13-8所示。因此,每宫各有八个卦且它们在卦宫中的顺序是固定不变的,每个宫中所有卦的五行属性都以本宫卦为准,例如乾宫中八个卦的五行属性都和乾一样属金,坤宫八个卦的五行都属土。

卦宫	五行属性	本宫卦	一世卦	二世卦	三世卦	四世卦	五世卦	游魂卦	归魂卦
乾宫	金	乾为天	天风姤	天山遁	天地否	风地观	山地剥	火地晋	火天大有
兑宫	金	兑为泽	泽水困	泽地萃	泽山咸	水山蹇	地山谦	雷山小过	雷泽归妹
离宫	火	离为火	火山旅	火风鼎	火水未济	山水蒙	风水涣	天水讼	天火同人
震宫	木	震为雷	雷地豫	雷水解	雷风恒	地风升	水风井	泽风大过	泽雷随
巽宫	木	巽为风	风天小畜	风火家人	风雷益	天雷无妄	火雷噬嗑	山雷颐	山风蛊
坎宫	水	坎为水	水泽节	水雷屯	水火既济	泽火革	雷火丰	地火明夷	地水师
艮宫	土	艮为山	山火贲	山天大畜	山泽损	火泽睽	天泽履	风泽中孚	风山渐
坤宫	土	坤为土	地雷复	地泽临	地天泰	雷天大壮	泽天夬	水天需	水地比

图 13-8   八宫卦列表

每个卦宫之中的八个卦,其所在位置是固定的,且每个位置都有固定的名称。本宫卦称为"上世"或"本宫",往后的七个卦依次称为"一世""二世""三世""四世""五世""游魂""归魂"。以乾宫中的八个卦为例:乾为上世卦,天风姤为一世卦,天山遁为二世卦,天地否为三世卦,风地观为四世卦,山地剥为五世卦,火地晋为游魂卦,火天大有为归魂卦,其他卦宫同理类推。

世应是纳甲筮法中的一对概念,也即世爻和应爻的合称,它们是一个卦中的两个爻。所谓世爻,是卦的灵魂,有一卦之主的地位,决定一卦的吉凶。解卦时世爻代表着求测之人;应爻则是一卦中与世爻相对应的爻,解卦时应爻代表着求测的事情或他人。每个卦的世爻应爻位置各有不同,如何确定世爻和应爻在卦中的具体位置呢？简单说明如下：每个卦宫的本宫卦的世爻在上爻,一世卦的世爻在初爻,二世卦的世爻在二爻,三世卦的世爻在三爻,四世卦的世爻在四爻,五世卦的世爻在五爻,游魂卦的世爻也在四爻,归魂卦的世爻也在三爻。确定了世爻的位置后,应爻的位置就可确定,应爻是与世爻相隔两个爻的位置(由于一卦有六个爻,因此无论从上还是从下数,应爻和世爻都是相隔两个爻的位置)。例如某卦的世爻在上爻的话,其应爻必然在第三爻的位置上。

仍以乾卦宫中乾、姤、遁、否、观、剥、晋、大有八个卦为例：

乾卦为上世卦,世爻在上爻,应爻在三爻;

姤卦为一世卦,世爻在初爻,应爻在四爻;

遁卦为二世卦,世爻在二爻,应爻在五爻;

否卦为三世卦,世爻在三爻,应爻在上爻;

观卦为四世卦,世爻在四爻,应爻在初爻;

剥卦为五世卦,世爻在五爻,应爻在二爻;

晋卦为游魂卦,世爻在四爻,应爻在初爻;

大有卦为归魂卦,世爻在三爻,应爻在上爻。

其他卦宫的卦也同理类推。不过,八宫六十四卦的世应爻也不用死记硬背,均可从《六十四卦纳甲世应五行六亲表》中查到。

六亲

所谓"六亲"是指父母、兄弟、妻财、子孙、官鬼、自我(或求测者)。是卦中爻的一种属性。一个卦中各个爻既有不同的五行属性,也有不同的干支属性,还有不同的六亲属性。五行、干支、六亲三种爻属性是纳甲筮法解卦的关键要素。而六亲也是以后确定用神的关键。六亲与八卦的性质类似,不仅能代表自身名称中的人物,也可以代表各自相关的一群类象：

父母可代表长辈、老师、天、头、住房、车船、合同等。一般凡是生助我、保护我的人和事物都属于父母爻。

兄弟可代表同辈、同事、竞争、破财等。一般和我竞争、分享我资源的人和事物都属于兄弟爻。

妻财可代表妻子、女友、佣人、财物、经商等，一般受我支配、控制、为我服务的人和事物都属于妻财爻。

子孙可代表晚辈、学生、家禽、出家人等，一般由我生助、保护的人和事物都属于子孙爻。

官鬼可代表官职、功名、政府、领导、工作、升学、丈夫（相对女性而言）等。一般领导我、克制我或对我有害的人和事物都属于官鬼爻。

自我一般不出现在卦中，相关的人和事物可属于兄弟爻。

判定六亲（称为装六亲）的方法很简单，以自我（或求测者）为基准，生我者父母，克我者官鬼，我生者子孙，我克者妻财，同类者兄弟。因此，六亲也像五行一样，彼此有相生相克的关系。它们之间具体的生克关系是根据卦爻所属的五行生克关系以及所在卦宫来决定的。例如：某卦属于乾宫，那么此卦中五行属金的爻则定为六亲中的"兄弟"，即给属金的爻装上六亲中的"兄弟"（"自我"在卦中不出现）。其余爻的六亲属性也随即可以确定或装上了：金克木，属木的爻即为六亲中的"妻财"；金生水，属水的爻即为"子孙"；火克金，属火的爻即为"官鬼"；土生金，属土的爻即为"父母"；卦中其他属金的爻为"兄弟"。图 13-9 为六亲的相生相克关系图。

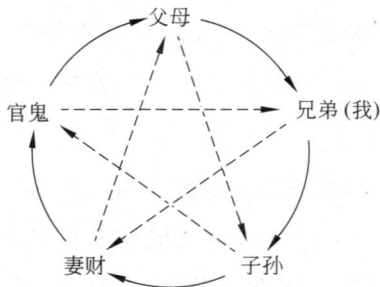

图 13-9　六亲相生相克关系图(实线为生，虚线为克)

生克冲合

爻与爻之间的关系是分析吉凶的重点之一，尤其是动爻与静爻之间的关系非常重要。爻与爻之间的关系也是通过它所属地支的五行关系确定的，主要有生克冲合四种关系，即相生、相克、相冲、相合。其中相生、相克的概念与前面五行相生相克的概念相同。相合及相冲的概念如下：

相合是指某两个或更多的天干地支之间具有合作、结合、和好之类的关系。天干相合为甲己相合、乙庚相合、丙辛相合、丁壬相合、戊癸相合。天干相合一般在纳甲筮法中应用较少，主要是地支相合。地支相合有"六合"（地支两两相合）和"三合"（三个地支相合）两种情况。六合为子丑相合，寅亥相合，卯戌相合，辰酉相合，巳申相合，午未相合；三合也称三合局，申子辰合化水局，亥卯未合化木局，寅午戌合化火局，巳酉丑合化金局。

相冲指的是某两个或更多的天干或地支之间的相互对冲、不合作的一种关系。纳甲筮法中一般也只使用地支相冲：子午相冲，丑未相冲，寅申相冲，卯酉相冲，辰戌相冲、巳亥相冲。有一点需要明确，相冲的不一定相克，但相克的一定相冲。

图 13-10 是地支六冲和六合的示意图，图 13-11 是地支三合局示意图。

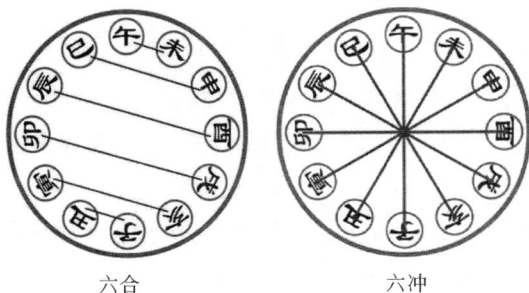

六合　　　　　　　　六冲

图 13-10　地支六合、六冲图

还有一个动化回头生克冲合的概念：起出的卦中如果有动爻，那么它的作用将是十分重要的。动爻的作用中有一种称为动化回头的概念，也即动爻变化后，由本卦形成的变卦中对应的那个爻称为变爻。变爻是

图 13-11　地支三合局

由动爻变出的,反过来会对动爻产生作用,这就是"动化回头"。包括动化回头生、动化回头克、动化回头冲、动化回头合等。意思均与之前介绍的类似。以动化回头克为例,变爻的地支克制动爻的地支,例如动爻的地支为午火,变爻的地支为子水,子水克制午火。

生旺墓绝与旺相休囚死

生旺墓绝指五行在十二个月中从出生到死亡的四种状态。主要用于分析卦爻与月建日辰之间的关系:

金长生在巳,旺在酉,墓在丑,绝在寅;

木长生在亥,旺在卯,墓在未,绝在申;

火长生在寅,旺在午,墓在戌,绝在亥;

水土长生在申,旺在子,墓在辰,绝在巳。

旺、相、休、囚、死则是指卦爻所属地支在一年四季中的五种旺衰状态,前文已有介绍。

旺,指卦爻当月令,即卦爻的地支与月建相同。即春季木旺,夏季火旺,秋季金旺,冬季水旺,四季(三月、六月、九月、十二月)土旺。

相,指卦爻的五行被月建所生。即春木生火,火相;夏火生土,土相;秋金生水,水相;冬水生木,木相;四季土生金,金相。

休,指卦爻的五行生助月建。即春木被水生,水休;夏火被木生,木休;秋金被土生,土休;冬水被金生,金休;四季土被火生,火休。

囚,指卦爻的五行克制月建。即春木被金克,金囚;夏火被水克,水囚；秋金被火克，火囚；冬水被土克，土囚；四季土被木克，木囚。

死，指卦爻的五行被月建所克。即春木克土，土死；夏火克金，金死，秋金克木，木死；冬水克火，火死；四季土克水，水死。

用神、元神、忌神、仇神

用神的概念在《周易》的多种预测方法中都有出现，如纳甲筮法、四柱命理等，各自定义不尽相同。纳甲筮法中，用神指能代表所预测之事的六亲，"六亲"一节已经介绍了六亲各自代表的相关事物，解卦时可依据此原理找出用神，所测事物属于哪一种六亲，此种六亲所在的爻即为用神。例如：测父母相关的事情以父母爻为用神。测财产相关的事情以妻财爻为用神，测工作相关的事情以官鬼爻为用神等。

用神的概念确定后，元神、忌神、仇神的概念也就确定下来。在卦中能生助用神的爻就是元神；能克制用神的爻就是忌神；能生助忌神、克制元神的爻就是仇神。起出一卦后，先找用神，再看卦中元神、忌神有没发动（即是动爻），从而以生克、旺衰等关系来断定吉凶。

图 13-12 所示是用神、元神、忌神、仇神之间的相生相克关系：

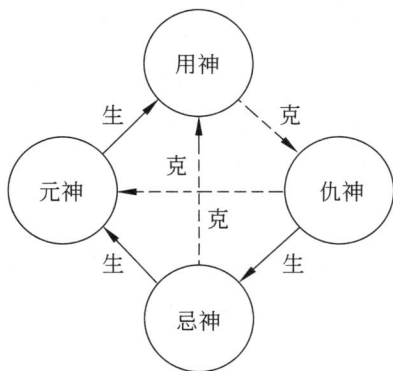

图 13-12　用神、元神、忌神、仇神相生相克关系图

用神是判断所测事物吉凶的最主要依据。分析用神也可以从天时、地利、人和三方面考虑：天时即年、月、日、时对用神的作用及影响；地利即用神所处爻的位置以及与卦中其他爻的相互作用及影响等；人和即用神自身是否发动、用神是否持世。"用神发动"指用神所在之爻是变爻（或

动爻);"用神持世"指的是用神所在的爻同时也是世爻。

可能有人会分不清用神和世爻的区别,简单地说世爻是求测的人,是占卦主体,用神是求测的事情,是占卦的目的。起出一个卦后,世爻就固定下来不变了,但用神却可能因求测事情不同而不同,不同的求测事情有不同的用神,用神还可能有多个或在卦中不存在的情况。

月建、月破;日辰、日破;旬空;太岁

月建和日辰的概念在前文有所介绍,月建也称月令,是指占卦时所在月的地支,正月建寅,二月建卯,三月建辰……月份是以二十四节气月而不是农历月为依据的,如从立春到惊蛰为正月,惊蛰到清明为二月等。这是干支纪年法,与农历略有不同。月建主宰当月的大权,《增删卜易》对月建的作用描述为:"能助卦爻之衰弱,能挫爻象之旺强,制服动变之爻,扶起飞伏之用。月建乃当权之主帅,万卜以之为纲领。爻之衰弱者,能生之合之比之拱之扶之,衰而亦旺。爻之强旺者,能冲之克之刑之破之,旺而亦衰。卦有变爻克制动爻者,月建能制服变爻。卦有动爻克制静爻者,月建能制服动爻。用神伏藏被飞神压住者,月建能冲克飞神,生助伏神而有用也。"意思是月建能帮助由弱变强,由强变弱,能制服变爻,能对伏神和飞神发挥作用,月建是本月掌控大权的主帅,一切占卜均以之为纲领。如果是衰弱的爻,月建可以生助它、合住它、拱起它,扶助它由衰变旺。如果是强旺的爻,月建可以冲破它、克制它、刑破它,使它由旺变衰。卦中如果有变爻克制动爻的话,月建可以制服变爻不让它回头克制动爻。卦中有动爻克制静爻的话,月建能够克制动爻。如果用神伏藏着被飞神压制,月建能够冲克飞神,帮助伏神发挥作用(伏神、飞神的概念后文介绍)。

月破指卦中爻所对应的地支与月建的地支相冲,就称此爻为"月破",例如正月占卦,月建为寅木,如卦中某爻的地支为申金,申金与寅木相冲,此爻即为月破。

日辰,有时也称日建,指占卦时所在日的地支,月建的地支是固定的,但日辰的地支不是固定的,不过都能在《万年历》上查到。日辰的作用与月建等同,都是六爻的主宰。读者一般较难区分月建和日辰对爻的作用。月建和日辰的确有许多相同之处,但日辰是一个卦的主宰,月建则是一个

月的总纲；月建司一月之权，出了这个月就没有效力了，日辰则是影响卦的全局始终。在月建和日辰对同一爻产生相反作用的情况下，一般以正反作用抵消而论，只能以其他条件判定爻的吉凶。但从长远来看，日辰的作用更大，因为预测之事如在月内解决不了，出月后月建就无法再发挥作用，而日辰可以继续发挥作用。

日破的概念与月破类似。卦中爻与日辰地支相冲，同时爻的本身衰弱，即是日破。

太岁，这个概念在纳甲筮法中就是占卦当年的地支，主管一年的运势。不过影响力不如月建和日辰，在纳甲筮法解卦中也应用不多。

旬空，因为古代的日期是用天干地支的两两组合来记的，如甲子日、乙丑日等，而天干总共有十个，地支总共却有十二个，因此天干从甲到癸排列完一轮后，共有十天，算作一旬（一个月有三旬，一旬有十天），但相应的地支只能从子到酉排上十个，剩下戌、亥两个轮空，因此戌、亥就称为旬空。任何一旬十天中总有两个地支是旬空的，可以查阅相关表得到这个数据，旬空在纳甲筮法中也是重要的一个概念。

伏神、飞神

在纳甲筮法解卦中，因为有一些卦并非六亲齐备，有时就会遇到卦中没有任何一个爻可以取做用神的情况，这样就以起卦的日辰、月建为用神。但如果日辰、月建中也不符合用神取用标准的话，就在此卦所在卦宫的本宫卦中寻找，如乾宫则看乾卦，兑宫则看兑卦，因为按照纳甲和六亲装卦规则，本宫卦的六亲俱全。本宫卦中对应的用神之爻即称为伏神，而用神在本宫卦中所在爻的位置对应于所占卦中爻的位置，在此爻位上的那个爻即称为飞神，简称飞、伏。寓意是伏神潜伏在飞神下面，在所占卦中只看得到飞神，看不见伏神。飞神因某种关系飞起之后伏神才能显现，伏神的作用才会发挥出来。

六神

纳甲筮法中也有用到"六神"的概念。所谓六神，是古代传说中的六种神兽：青龙、朱雀、螣蛇、勾陈、白虎、玄武。六神的性质与六亲类似，各代表一类物象或特征。六神的装配方法是根据预测当日的天干的五行属性而确定的。

六神本身虽各有特点,但并无多大影响,主要在于与爻的配合关系。它就类似爻的坐骑,六神与爻五行属性相同为配合默契,爻的实力增加;反之,为配合不默契使爻的实力减弱。例如,爻本身衰弱又临六神中的白虎,好比病人骑在凶猛的老虎背上,早晚倒霉;爻本身旺相又临白虎,好比勇猛武士骑在老虎背上,如虎添翼。

一般六神在纳甲筮法解卦中的作用不明显。因此,本书不作详细介绍,有兴趣的读者可以参考其他文献。

纳甲筮法解卦步骤

读者了解了上述知识后,便可以尝试用纳甲筮法解卦了。首先用蓍草起卦法、铜钱摇卦法和随机起卦法中的任意一个方法起卦(以铜钱摇卦法最宜),起出卦后,进行装卦,装好卦后进行解卦。

装卦

装卦就是将天干、地支等装入卦中的各个爻,装卦共有四个步骤:

① 装天干地支;

② 装世爻应爻;

③ 装六亲;

④ 装六神。

有关这四个步骤的知识已经作过介绍,但读者不用死记硬背,可以直接查阅古人总结的《六十四卦纳甲世应五行六神全表》(见图 13-13)把前三个步骤一并完成。第四个步骤装六神的方式由于与占卦时间有关,不是静态一成不变的。因此六爻根据占卦日天干的不同而有不同的六神,可以通过查阅《六神装配表》(见图 13-14)来完成。

乾宫

乾为天	天风姤	天山遁	天地否
父母壬戌土—世	父母壬戌土—	父母壬戌土—	父母壬戌土—应
兄弟壬申金—	兄弟壬申金—	兄弟壬申金—应	兄弟壬申金—
官鬼壬午火—	官鬼壬午火—应	官鬼壬午火—	官鬼壬午火—
父母甲辰土—应	兄弟辛酉金—	兄弟丙申金—	妻财乙卯木--世

图 13-13　六十四卦纳甲、世应、五行、六亲全表

（续上页）

妻财甲寅木—	子孙辛亥水—	官鬼丙午火--世	官鬼乙巳火--
子孙甲子水—	父母辛丑土--世	父母丙辰土--	父母乙未土--
风地观	**山地剥**	**火地晋**	**火天大有**
妻财辛卯木—	妻财丙寅木—	官鬼己巳火—	官鬼己巳火—应
官鬼辛巳火—	子孙丙子水--世	父母己未土--	父母己未土--
父母辛未土--世	父母丙戌土--	兄弟己酉金—世	兄弟己酉金—
妻财乙卯木--	妻财乙卯木--	妻财乙卯木--	父母甲辰土—世
官鬼乙巳火--	官鬼乙巳火--应	官鬼乙巳火--	妻财甲寅木—
父母乙未土--应	父母乙未土--	父母乙未土--应	子孙甲子水—

兑宫

兑为泽	**泽水困**	**泽地萃**	**泽山咸**
父母丁未土--世	父母丁未土--	父母丁未土--	父母丁未土--应
兄弟丁酉金—	兄弟丁酉金—	兄弟丁酉金—应	兄弟丁酉金—
子孙丁亥水—	子孙丁亥水—应	子孙丁亥水—	子孙丁亥水—
父母丁丑土--应	官鬼戊午火--	妻财乙卯木--	兄弟丙申金—世
妻财丁卯木—	父母戊辰土—	官鬼乙巳火--世	官鬼丙午火--
官鬼丁巳火—	妻财戊寅木--世	父母乙未土--	父母丙辰土--
水山蹇	**地山谦**	**雷山小过**	**雷泽归妹**
子孙戊子水--	兄弟癸酉金--	父母庚戌土--	父母庚戌土--应
父母戊戌土—	子孙癸亥水--世	兄弟庚申金--	兄弟庚申金—
兄弟戊申金--世	父母癸丑土--	官鬼庚午火—世	官鬼庚午火—
兄弟丙申金—	兄弟丙申金—	兄弟丙申金—	父母丁丑土--世
官鬼丙午火--	官鬼丙午火--应	官鬼丙午火--	妻财丁卯木—
父母丙辰土--应	父母丙辰土--	父母丙辰土--应	官鬼丁巳火—

图 13-13 （续）

离宫

离为火	火山旅	火风鼎	火水未济
兄弟己巳火—世	兄弟己巳火—	兄弟己巳火—	兄弟己巳火—应
子孙己未土--	子孙己未土--	子孙己未土--应	子孙己未土--
妻财己酉金—	妻财己酉金—应	妻财己酉金—	妻财己酉金—
官鬼己亥水—应	妻财丙申金—	妻财辛酉金—	兄弟戊午火--世
子孙己丑土--	兄弟丙午火--	官鬼辛亥水—世	子孙戊辰土—
父母己卯木—	子孙丙辰土--世	子孙辛丑土--	父母戊寅木--

山水蒙	风水涣	天水讼	天火同人
父母丙寅木—	父母辛卯木—	子孙壬戌土—	子孙壬戌土—应
官鬼丙子水--	兄弟辛巳火—世	妻财壬申金—	妻财壬申金—
子孙丙戌土--世	子孙辛未土--	兄弟壬午火—世	兄弟壬午火—
兄弟戊午火--	兄弟戊午火--	兄弟戊午火--	官鬼己亥水—世
子孙戊辰土—	子孙戊辰土—应	子孙戊辰土—	子孙己丑土--
父母戊寅木--应	父母戊寅木--	父母戊寅木--应	父母己卯木—

震宫

震为雷	雷地豫	雷水解	雷风恒
妻财庚戌土--世	妻财庚戌土--	妻财庚戌土--	妻财庚戌土--应
官鬼庚申金--	官鬼庚申金--	官鬼庚申金--应	官鬼庚申金--
子孙庚午火—	子孙庚午火—应	子孙庚午火—	子孙庚午火—
妻财庚辰土--应	兄弟乙卯木--	子孙戊午火--	官鬼辛酉金—世
兄弟庚寅木--	子孙乙巳火--	妻财戊辰土—世	父母辛亥水—
父母庚子水—	妻财乙未土--世	兄弟戊寅木--	妻财辛丑土--

地风升	水风井	泽风大过	泽雷随
官鬼癸酉金--	父母戊子水--	妻财丁未土--	妻财丁未土--应
父母癸亥水--	妻财戊戌土—世	官鬼丁酉金—	官鬼丁酉金—
妻财癸丑土--世	官鬼戊申金--	父母丁亥水—世	父母丁亥水—
官鬼辛酉金—	官鬼辛酉金—	官鬼辛酉金—	妻财庚辰土--世
父母辛亥水—	父母辛亥水—应	父母辛亥水—	兄弟庚寅木--
妻财辛丑土--应	妻财辛丑土--	妻财辛丑土--应	父母庚子水—

图 13-13 （续）

巽宫

巽为风	风天小畜	风火家人	风雷益
兄弟辛卯木—世	兄弟辛卯木—	兄弟辛卯木—	兄弟辛卯木—应
子孙辛巳火—	子孙辛巳火—	子孙辛巳火—应	子孙辛巳火—
妻财辛未土--	妻财辛未土--应	妻财辛未土--	妻财辛未土--
官鬼辛酉金—应	妻财甲辰土—	父母己亥水—	妻财庚辰土--世
父母辛亥水—	兄弟甲寅木—	妻财己丑土--世	兄弟庚寅木—
妻财辛丑土--	父母甲子水—世	兄弟己卯木—	父母庚子水—
天雷无妄	**火雷噬嗑**	**山雷颐**	**山风蛊**
妻财壬戌土—	子孙己巳火—	兄弟丙寅木—	兄弟丙寅木—应
官鬼壬申金—	妻财己未土--世	父母丙子水--	父母丙子水—
子孙壬午火—世	官鬼己酉金—	妻财丙戌土--世	妻财丙戌土--
妻财庚辰土--	妻财庚辰土--	妻财庚辰土--	官鬼辛酉金—世
兄弟庚寅木--	兄弟庚寅木--应	兄弟庚寅木--	父母辛亥水—
父母庚子水—应	父母庚子水—	父母庚子水—应	妻财辛丑土--

坎宫

坎为水	水泽节	水雷屯	水火既济
兄弟戊子水--世	兄弟戊子水--	兄弟戊子水--	兄弟戊子水--应
官鬼戊戌土—	官鬼戊戌土—	官鬼戊戌土—应	官鬼戊戌土—
父母戊申金--	父母戊申金--应	父母戊申金--	父母戊申金--
妻财戊午火—应	官鬼丁丑土--	官鬼庚辰土—	兄弟己亥水—世
官鬼戊辰土—	子孙丁卯木—	子孙庚寅木--世	官鬼己丑土--
子孙戊寅木--	妻财丁巳火—世	兄弟庚子水—	子孙己卯木—
泽火革	**雷火丰**	**地火明夷**	**地水师**
官鬼丁未土--	官鬼庚戌土--	父母癸酉金--	父母癸酉金--应
父母丁酉金—	父母庚申金--世	兄弟癸亥水--	兄弟癸亥水--
兄弟丁亥水—世	妻财庚午火—	官鬼癸丑土--世	官鬼癸丑土--
兄弟己亥水—	兄弟己亥水—	兄弟己亥水—	妻财戊午火--世
官鬼己丑土--	官鬼己丑土--应	官鬼己丑土--	官鬼戊辰土—
子孙己卯木—应	子孙己卯木—	子孙己卯木—应	子孙戊寅木—

图 13-13 （续）

艮宫

艮为山	山火贲	山天大畜	山泽损
官鬼丙寅木—世	官鬼丙寅木—	官鬼丙寅木—	官鬼丙寅木—应
妻财丙子水--	妻财丙子水--	妻财丙子水--应	妻财丙子水--
兄弟丙戌土--	兄弟丙戌土--应	兄弟丙戌土--	兄弟丙戌土--
子孙丙申金—应	妻财己亥水—	兄弟甲辰土—	兄弟丁丑土--世
父母丙午火--	兄弟己丑土--	官鬼甲寅木—世	官鬼丁卯木—
兄弟丙辰土--	官鬼己卯木—世	妻财甲子水—	父母丁巳火—
火泽睽	**天泽履**	**风泽中孚**	**风山渐**
父母己巳火—	兄弟壬戌土—	官鬼辛卯木—	官鬼辛卯木—应
兄弟己未土--	子孙壬申金—世	父母辛巳火—	父母辛巳火—
子孙己酉金—世	父母壬午火—	兄弟辛未土--世	兄弟辛未土--
兄弟丁丑土--	兄弟丁丑土--	兄弟丁丑土--	子孙丙申金—世
官鬼丁卯木—	官鬼丁卯木—应	官鬼丁卯木—	父母丙午火--
父母丁巳火—应	父母丁巳火—	父母丁巳火—应	兄弟丙辰土--

坤宫

坤为地	地雷复	地泽临	地天泰
子孙癸酉金--世	子孙癸酉金--	子孙癸酉金--	子孙癸酉金--应
妻财癸亥水--	妻财癸亥水--	妻财癸亥水--应	妻财癸亥水--
兄弟癸丑土--	兄弟癸丑土--应	兄弟癸丑土--	兄弟癸丑土--
官鬼乙卯木--应	兄弟庚辰土--	兄弟丁丑土--	兄弟甲辰土—世
父母乙巳火--	官鬼庚寅木--	官鬼丁卯木—世	官鬼甲寅木—
兄弟乙未土--	妻财庚子水—世	父母丁巳火—	妻财甲子水—
雷天大壮	**泽天夬**	**水天需**	**水地比**
兄弟庚戌土--	兄弟丁未土--	妻财戊子水--	妻财戊子水—应
子孙庚申金--	子孙丁酉金—世	兄弟戊戌土—	兄弟戊戌土—
父母庚午火—世	妻财丁亥水—	子孙戊申金--世	子孙戊申金—
兄弟甲辰土—	兄弟甲辰土—	兄弟甲辰土—	官鬼乙卯木--世
官鬼甲寅木—	官鬼甲寅木—应	官鬼甲寅木—	父母乙巳火--
妻财甲子水—应	妻财甲子水—	妻财甲子水—应	兄弟乙未土--

图 13-13 （续）

日干 爻位	甲、乙	丙、丁	戊	己	庚、辛	壬、癸
上爻	玄武	青龙	朱雀	勾陈	螣蛇	白虎
五爻	白虎	玄武	青龙	朱雀	勾陈	螣蛇
四爻	螣蛇	白虎	玄武	青龙	朱雀	勾陈
三爻	勾陈	螣蛇	白虎	玄武	青龙	朱雀
二爻	朱雀	勾陈	螣蛇	白虎	玄武	青龙
初爻	青龙	朱雀	勾陈	螣蛇	白虎	玄武

图 13-14　六神装卦规则表

断卦

纳甲筮法的断卦步骤一般如下：

① 装卦。通过查阅六十四卦纳甲世应五行六亲全表，确定起出的卦中爻的地支、卦宫、世爻应爻、五行、六亲，再通过六神装卦表可以确定各爻的六神（一般较少用）。

② 取用神。根据占问的事情，从六亲中找到相对适合的一类六亲，再在卦中找出此类六神所在的爻，定为用神。找到用神后元神、忌神、仇神也随之确定，用神不现时则找伏神、飞神，用神两现时则选其中更具影响性的一个。

③ 看卦的内部关系。主要是分析用神、动爻、世爻、六亲四个体系的状态以及相互关系。

分析用神的表现，用神与动爻、世爻、应爻之间生克冲合的关系。还有元神、忌神、仇神；伏神、飞神在卦中发挥的作用等。

根据动爻的情况分析动爻、变爻的状态以及和其他爻之间生克冲合的关系等。

再次分析世爻与应爻之间的关系。

以上述几个方面初步确定占卦吉凶。

④ 看卦的外部环境。主要是月（月建）、日（日辰）、年（太岁）对卦中各爻产生的影响。

分析用神的状态：是否值月令还是月破（旺或衰），值日还是日破；用神是否旬空；用神的旺相休囚死和生旺墓绝的状态。

分析动爻和其他爻受月建日辰影响导致彼此关系改变的状态。

181

这里,需要将卦的内部关系与外部环境结合起来统筹考虑分析,才能全面准确地分析出卦中用神的吉凶。一般月建、日辰生助或比和用神,用神旺;月建、日辰克、泄、耗用神,用神衰。动爻生助用神,用神有利;动爻克制用神,用神无力。用神、世爻旺相,用神受其他爻之生,所测之事为吉,易于成功;用神、世爻衰,用神受其他爻克制,所测之事为凶,难以成功。

⑤ 看其他特定因素对卦爻产生的影响。这些因素即前面两个步骤之外的一些特殊情况,五花八门,较为复杂,而且随求测事情的性质不同而不同,但对预测的结果可能产生很大的影响。例如绝处逢生、合处逢生、三刑临世、冲起冲实冲散等。这里不详细介绍,有兴趣的读者可以参考有关文献。

⑥ 定应期。根据前面几个步骤的分析,通过断卦结论的吉凶,用神的相应状态,各爻的配合情况,就可以推断应期,纳甲筮法中有很多断应期的方法,也远比梅花易数断应期复杂,此处不详述。

下面选取《增删卜易》中的三个典型卦例来介绍,帮助读者加深对纳甲筮法的理解。

第一例:寅月庚戌日,某人占求财,得"火天大有"。

干支:戊寅月 庚戌日 （旬空:寅卯）乾宫:火天大有（归魂）

六神	【本　卦】		
螣蛇	▬▬▬▬	官鬼巳火	应
勾陈	▬▬ ▬▬	父母未土	
朱雀	▬▬▬▬	兄弟酉金	
青龙	▬▬▬▬	父母辰土	世
玄武	▬▬▬▬	妻财寅木	
白虎	▬▬▬▬	子孙子水	

解卦:① 查阅六十四卦纳甲世应五行六亲表,装卦（地支、五行、六亲、六神、世应）如上。

② 取用神:占问钱财相关的事情,应该取妻财爻为用神,因此取本卦中的二爻妻财寅木为用神。

③ 看用神、世爻关系:本卦没有动爻,全是静爻。妻财寅木克制世爻父母辰土,"财爻克世者必得",结果为吉。

④ 看月建日辰旺衰：月建为寅，妻财寅木又临月建，属旺相，用神旺相不受克，结果为吉，所求的财可以获得。

⑤ 看其他因素，无特别重要因素。

⑥ 定应期：由于寅卯是旬空，因此眼下无法实现好的结果，但旬空的寅旺相，因此可以等到甲寅日出空就可以获得好的结果（出空是某地支旬空后第二旬中轮到的那个地支日）。

第二例：卯月己卯日，某人替已经犯重罪的长兄占卦，问母亲到官府申诉能否救出其兄？得到本卦为地雷复卦，变卦是震为雷卦。

干支：乙卯月 己卯日 （旬空：申酉）

坤宫：地雷复（六合）　　　　　　震宫：震为雷（六冲）

六神	【本　卦】	【变　卦】
勾陈	▅▅ ▅▅ 子孙酉金	▅▅ ▅▅ 兄弟戌土 世
朱雀	▅▅ ▅▅ 妻财亥水	▅▅▅▅▅ 子孙申金
青龙	▅▅ ▅▅ 兄弟丑土 应×→	▅▅ ▅▅ 父母午火
玄武	▅▅ ▅▅ 兄弟辰土	▅▅ ▅▅ 兄弟辰土
白虎	▅▅ ▅▅ 官鬼寅木	▅▅ ▅▅ 官鬼寅木
腾蛇	▅▅▅▅▅ 妻财子水 世	▅▅▅▅▅ 妻财子水

解卦：① 查表装卦，如上所示。

② 取用神：为长兄占卦，问的是兄弟的事情，用神应当选取兄弟爻，本卦中四爻丑土、三爻辰土的六亲均为兄弟，因为四爻是动爻又是应爻，以更具影响力原则选取动爻及应爻所在的四爻丑土为用神。

③ 看用神、世爻、动爻关系：用神即为动爻、应爻。世爻安静，对用神动爻影响不大。

④ 看月建、日辰旺衰：用神为丑土，月建为卯木，日辰为卯木，月建日辰均克用神丑土，预示长兄在劫难逃。

⑤ 看其他相关因素：幸亏卦中用神丑土爻发动，成为动爻，变化为午火父母，火生土，午火父母回头生助丑土兄弟，因此可以抵消日月的克制作用，说明还有一线生机。

⑥ 定应期，书中没有说明。

于是占卦人下结论：赶紧行动，卦中暗示父母可以帮助长兄减轻判罚。

后来果然长兄被轻判免了死罪。

第三例：寅月丙申日，占问官之升迁，得艮之颐。（本卦艮卦，变卦颐卦）

干支：丙寅月 丙申日 （旬空：辰巳）

艮宫：艮为山（六冲）　　　　巽宫：山雷颐（游魂）

六神	【本　卦】	【变　卦】
青龙	▅▅▅ 官鬼寅木 世	▅▅▅ 官鬼寅木
玄武	▅ ▅ 妻财子水	▅ ▅ 妻财子水
白虎	▅ ▅ 兄弟戌土	▅ ▅ 兄弟戌土 世
螣蛇	▅▅▅ 子孙申金 应○	▅ ▅ 兄弟辰土
勾陈	▅ ▅ 父母午火	▅ ▅ 官鬼寅木
朱雀	▅ ▅ 兄弟辰土 ×	▅ ▅ 妻财子水

解卦：① 查表装卦，如上所示。

② 取用神：占问官的升迁，显然应该是取官鬼为用神。卦中上爻官鬼寅木即是世爻，也是用神。

③ 看用神、世爻、动爻关系：寅木官鬼持世，用神世爻聚于一身，但被应爻子孙申金克，而应爻又发动，克制力更强悍。另一动爻也消耗了用神世爻的力量。因此初步结果是凶，升迁似乎无望。

④ 看月建日辰：用神寅木值月建，旺相。但被日辰申冲克，两者作用相抵，不好不坏。

⑤ 看其他因素：卦中申金、辰土发动，其中初爻又化出子水爻，恰巧申、子、辰形成了地支三合局，三合化成水，生助用神寅木。合局的力量大于单个爻的力量。因此此卦结果为吉，能够升迁。

⑥ 应期：卦中的三合局是升迁的关键，因此分析三合局的成局时间，因为本月辰土旬空，三合局尚无法真正形成，需要等到出空之月辰月才行，所以应期在辰月（也就是三月）得到升迁。

实际情况是此人果然于三月升任云南太守。卦中也显示了升迁地点是在南方，因为世爻和用神官鬼都在上爻，古人的方位是上南下北，上爻即为南方，因此升迁地点信息是在南方。

第三节　占卦结果的运用分析

以上介绍了卦爻辞法、梅花易数法、纳甲筮法三种占卦方法。需要再次强调的是：无论以哪种方法占卦，即使准确率很高，占卦得出的结论只能作为参考而不能迷信。不管怎样使用《周易》，都不要忘记，它只是一个供人们决策参考的工具模型而已，判断失误也是正常的。读者在做选择、决策或完成某件工作时需要统筹综合考虑主观因素、客观因素以及预测占卦得到的提示。因为，只有人才是真正的决策主体，其它都代替不了。

三种占卦的方法各有特点，笔者总结如图 13-15 所示：

	卦爻辞法	梅花易数	纳甲筮法
创立者	不详	邵雍	京房
创立时间	周代或以前	宋代	汉代
理论基础	易经	易经、五行、卦气	易经、五行、纳甲、卦气
体系特点	以《周易》卦爻辞为依据，自身无体系	简洁、抽象、完备	完善、严密、逻辑性强
起卦方法	蓍草、铜钱、随机	随机	铜钱、蓍草、随机
一般起卦时间	20~30 分钟（蓍草）	2~3 分钟	3~5 分钟（铜钱）
动爻情况	没有、一个或多个	有且只有一个	没有、一个或多个
学习难易程度	容易	中等	难
对占卦人要求	低	高	较高
关键因素	卦、爻	体、用、月建、日辰	用神、世、应、月建、日辰
占卦准确率	较低	较高	较高
应用情况	较少	较多	广泛
适用范围	业余爱好者	专业人士、业余爱好者	专业人士

图 13-15　三种占卦方法的比较

第十四章　基于易经思维的一种科学决策方法：易道决策模式

　　本书第三篇的前三章内容从科学的角度阐述了一种易经思维下的决策模式，笔者命名为"易道决策模式"（以下简称易策模式）。

　　易策模式的理论是：当面临抉择或决策的时候，首先从主观内部因素考虑，包括个人价值观、性格、兴趣、能力四个方面，从自身层面确定可否做出抉择或决策；其次从客观外部因素考虑，包括天时、地利、人和三个方面，从环境层面确定外部条件是否适合做出抉择或决策；然后再以易经预测方式启发思路、设定若干假设、完善计划。如果都符合条件，那么这个抉择或决策就是最佳行为。如果有部分因素不满足条件，那么或者创造条件使得那些因素满足条件，或者等待时机稍后再定，或者有所取舍放弃部分因素的考虑，最终做出相对最佳的抉择或决策。

　　人们的一生总是要面对各种各样的选择或决策，大到职业的选择、伴侣的选择、投资的决策、置业的决策，小到旅游的决定、股票的选择、家具的选择等，这些选择或决策依据什么样的原因做出？凭借什么理由决定？当然对于一些无关紧要、日常琐碎的小事，大可随心而定，不要费什么脑筋。但对自身有重大影响的选择和决策，就不能任性随意了，应该按照一定的标准、慎重周全地考虑各方面因素，权衡利弊后做出恰当的决定。而本书提出的易道决策模式无疑将为人们提供一种有益的指导和帮助，引导人们做出最佳决策。

　　下图即为易道决策模式的框架示意图。

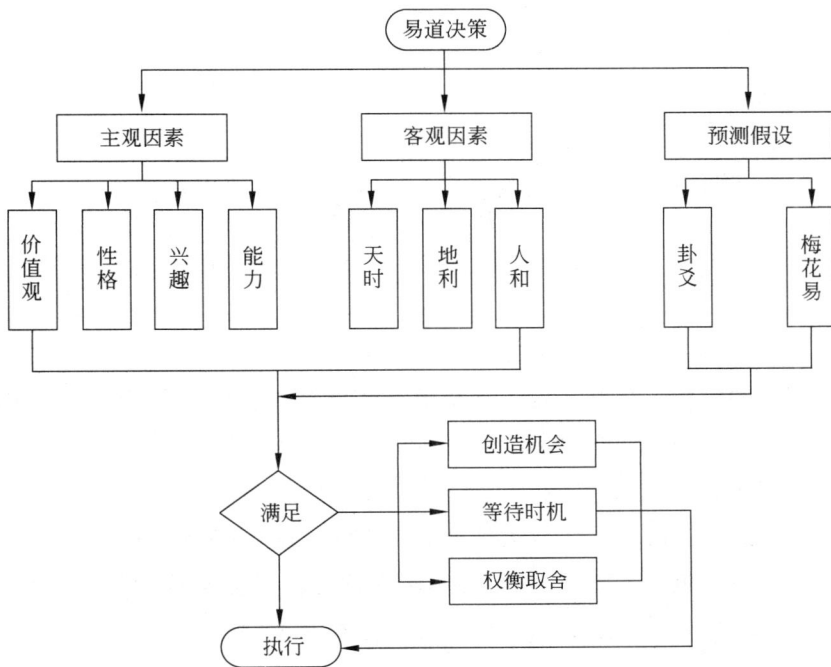

易道决策模式示意图

结　　语

　　本书的宗旨："大易无迷"。这里有两层含义：第一,易经不是迷信之书。第二,易经使人不迷惘。

　　本书的思路主线："汝则有大疑,谋及乃心,谋及卿士,谋及庶人,谋及卜筮。"这句《尚书》中的话是易道决策模式的思想来源。

　　本书的愿望：希望不久的将来,国人都能读懂易经、使用易经。

　　本书的目标：帮助人们做出最佳的选择和决策。

附录一 《易经》六十四卦表（卦名、卦象、核心寓意、卦辞、爻辞）

序号	卦名 卦画	核心寓意	卦辞	初爻	二爻	三爻	四爻	五爻	六爻
1	乾 ䷀	天道刚健 自强不息	元亨利贞。	潜龙勿用。	见龙在田，利见大人。	君子终日乾乾，夕惕若，厉无咎。	或跃在渊，无咎。	飞龙在天，利见大人。	亢龙有悔。（用九：见群龙无首，吉。）
2	坤 ䷁	地势坤顺 厚德载物	元亨，利牝马之贞，君子有攸往，先迷后得，主利。西南得朋，东北丧朋，安贞吉。	履霜，坚冰至。	直方大，不习无不利。	含章可贞，或从王事，无成有终。	括囊，无咎无誉。	黄裳，元吉。	龙战于野，其血玄黄。（用六：利永贞。）
3	屯 ䷂	屯聚初生 满腹经纶	元亨利贞。勿用有攸往，利建侯。	盘桓，利居贞，利建侯。	屯如邅如，乘马班如。匪寇婚媾，女子贞不字，十年乃字。	即鹿无虞，惟入于林中。君子几不如舍，往吝。	乘马班如，求婚媾，往吉，无不利。	屯其膏，小贞吉，大贞凶。	乘马班如，泣血涟如。

续表

序号	卦名卦画	核心寓意	卦辞	初爻	二爻	三爻	四爻	五爻	六爻
4	蒙 ䷃	启蒙教化笃行德育等	亨。匪我求童蒙，童蒙求我。初筮告，再三渎，渎则不告。利贞。	发蒙，利用刑人，用说桎梏。以往吝。	包蒙吉。纳妇吉。子克家。	勿用娶女，见金夫，不有躬。无攸利。	困蒙，吝。	童蒙，吉。	击蒙。不利为寇，利御寇。
5	需 ䷄	待时而动宴饮安乐	有孚，光亨，贞吉。利涉大川。	需于郊，利用恒，无咎。	需于沙，小有言，终吉。	需于泥，致寇至。	需于血，出自穴。	需于酒食，贞吉。	入于穴，有不速之客三人来，敬之终吉。
6	讼 ䷅	争辩诉讼预先谋事	有孚，窒惕，中吉，终凶。利见大人，不利涉大川。	不永所事，小有言，终吉。	不克讼，归而逋，其邑人三百户，无眚。	食旧德，贞厉，终吉。或从王事，无成。	不克讼，复即命渝，安贞，吉。	讼，元吉。	或锡之鞶带，终朝三褫之。
7	师 ䷆	仁义之师才是王道	贞丈人吉，无咎。	师出以律，否臧凶。	在师中，吉，无咎，王三锡命。	师或舆尸，凶。	师左次，无咎。	田有禽，利执言，无咎，长子帅师，弟子舆尸，贞凶。	大君有命，开国承家，小人勿用。
8	比 ䷇	比情而行封侯建国	吉。原筮，元永贞，无咎。不宁方来，后夫凶。	有孚比之，无咎。有孚盈缶，终来有它，吉。	比之自内，贞吉。	比之匪人。	外比之，贞吉。	显比，王用三驱，失前禽，邑人不诫，吉。	比之无首，凶。

续表

序号	卦名卦画	核心寓意	卦辞	初　爻	二　爻	三　爻	四　爻	五　爻	六　爻
9	小畜	少许积蓄 弘扬美德	亨。密云不雨，自我西郊。	复自道，何其咎？吉。	牵复，吉。	舆说辐，夫妻反目。	有孚，血去惕出，无咎。	有孚挛如，富以其邻。	既雨既处，尚德载。妇贞厉，月几望，君子征凶。
10	履	履行天下 遵礼安民	履虎尾，不咥人，亨。	素履，往无咎。	履道坦坦，幽人贞吉。	眇能视，跛能履，履虎尾，咥人，凶。武人为于大君。	履虎尾，愬愬，终吉。	夬履，贞厉。	视履考祥，其旋元吉。
11	泰	三阳开泰 顺天安民	小往大来，吉，亨。	拔茅茹，以其汇，征吉。	包荒，用冯河，不遐遗，朋亡，得尚于中行。	无平不陂，无往不复。艰贞无咎。勿恤其孚，于食有福。	翩翩，不富以其邻，不戒以孚。	帝乙归妹，以祉元吉。	城复于隍，勿用师。自邑告命，贞吝。
12	否	否极而衰 修德避难	否之匪人，不利君子贞，大往小来。	拔茅茹，以其汇，贞吉，亨。	包承，小人吉，大人否，亨。	包羞。	有命无咎，畴离祉。	休否，大人吉。其亡其亡，系于苞桑。	倾否，先否后喜。
13	同人	同心同德 分门别类	同人于野，亨。利涉大川，利君子贞。	同人于门，无咎。	同人于宗，吝。	伏戎于莽，升其高陵，三岁不兴。	乘其墉，弗克攻，吉。	同人，先号咷而后笑，大师克相遇。	同人于郊，无悔。
14	大有	大有收获 惩恶扬善	元亨。	无交害，匪咎；艰则无咎。	大车以载，有攸往，无咎。	公用亨于天子，小人弗克。	匪其彭，无咎。	厥孚交如，威如，吉。	自天祐之，吉，无不利。

续表

序号	卦名卦画	核心寓意	卦辞	初爻	二爻	三爻	四爻	五爻	六爻
15	谦 ䷎	谦虚美德受用终生	亨,君子有终。	谦谦君子,用涉大川,吉。	鸣谦,贞吉。	劳谦君子,有终,吉。	无不利,㧑谦。	不富以其邻,利用侵伐,无不利。	鸣谦,利用行师,征邑国。
16	豫 ䷏	愉快欢乐尊礼重孝	利建侯行师。	鸣豫,凶。	介于石,不终日,贞吉。	盱豫悔。迟有悔。	由豫,大有得。勿疑朋盍簪。	贞疾,恒不死。	冥豫,成有渝,无咎。
17	随 ䷐	跟随顺从日落而息	元亨利贞,无咎。	官有渝,贞吉。出门交有功。	系小子,失丈夫。	系丈夫,失小子。随有求得,利居贞。	随有获,贞凶。有孚在道以明,何咎。	孚于嘉,吉。	拘系之,乃从维之。王用亨于西山。
18	蛊 ䷑	蛊惑生乱振民育德	元亨,利涉大川,先甲三日,后甲三日。	干父之蛊,有子,考无咎,厉,终吉。	干母之蛊,不可贞。	干父之蛊,小有悔,无大咎。	裕父之蛊,往见吝。	干父之蛊,用誉。	不事王侯,高尚其事。
19	临 ䷒	君临天下保佑民众	元亨利贞。至于八月有凶。	咸临,贞吉。	咸临,吉,无不利。	甘临,无攸利。既忧之,无咎。	至临,无咎。	知临,大君之宜,吉。	敦临,吉,无咎。
20	观 ䷓	纵观世界以教子民	盥而不荐,有孚颙若。	童观,小人无咎,君子吝。	窥观,利女贞。	观我生,进退。	观国之光,利用宾于王。	观我生,君子无咎。	观其生,君子无咎。
21	噬嗑 ䷔	施用刑罚法治天下	亨。利用狱。	屦校灭趾,无咎。	噬肤灭鼻,无咎。	噬腊肉,遇毒。小吝,无咎。	噬干胏,得金矢。利艰贞,吉。	噬干肉,得黄金,贞厉,无咎。	何校灭耳,凶。

续表

序号	卦名卦画	核心寓意	卦辞	初爻	二爻	三爻	四爻	五爻	六爻
22	贲	文过饰非修德化民	亨。小利有攸往。	贲其趾，舍车而徒。	贲其须。	贲如濡如，永贞吉。	贲如皤如，白马翰如，匪寇婚媾。	贲于丘园，束帛戋戋，吝，终吉。	白贲，无咎。
23	剥	侵蚀剥落重在基础	不利有攸往。	剥床以足，蔑贞凶。	剥床以辨，蔑贞，凶。	剥之，无咎。	剥床以肤，凶。	贯鱼，以宫人宠，无不利。	硕果不食，君子得舆，小人剥庐。
24	复	循环往复闭门修炼	亨。出入无疾，朋来无咎。反复其道，七日来复，利有攸往。	不远复，无只悔，元吉。	休复，吉。	频复，厉，无咎。	中行独复。	敦复，无悔。	迷复，凶，有灾眚。用行师，终有大败，以其国君凶，至于十年不克征。
25	无妄	事事无妄为顺时养生	元、亨、利、贞。其匪正有眚，不利有攸往。	无妄，往吉。	不耕获，不菑畬，则利有攸往。	无妄之灾。或系之牛，行人之得，邑人之灾。	可贞，无咎。	无妄之疾，勿药有喜。	无妄，行有眚，无攸利。
26	大畜	大有积蓄以史为鉴	利贞，不家食吉，利涉大川。	有厉，利已。	舆说輹。	良马逐，利艰贞，日闲舆卫，利有攸往。	童牛之牿，元吉。	豮豕之牙，吉。	何天之衢，亨。
27	颐	颐养生命节食慎言	贞吉。观颐，自求口实。	舍尔灵龟，观我朵颐，凶。	颠颐，拂经于丘颐，征凶。	拂颐，贞凶，十年勿用，无攸利。	颠颐，吉，虎视眈眈，其欲逐逐，无咎。	拂经，居贞吉，不可涉大川。	由颐，厉吉，利涉大川。

续表

序号	卦名卦画	核心寓意	卦辞	初爻	二爻	三爻	四爻	五爻	六爻
28	大过 ䷛	行为过度 独善其身	栋挠。利有攸往，亨。	藉用白茅，无咎。	枯杨生稊，老夫得其女妻。无不利。	栋桡，凶。	栋隆，吉。有它吝。	枯杨生华，老妇得其士夫，无咎无誉。	过涉灭顶，凶，无咎。
29	坎 ䷜	坎阿险阻 修德重教	习坎，有孚维心，亨，行有尚。	习坎，入于坎窞，凶。	坎有险，求小得。	来之坎坎，险且枕，入于坎窞，勿用。	樽酒簋，二用缶，纳约自牖，终无咎。	坎不盈，只既平，无咎。	系用徽纆，置于丛棘，三岁不得，凶。
30	离 ䷝	富丽光明 照耀四方	利贞，亨。畜牝牛，吉。	履错然，敬之，无咎。	黄离，元吉。	日昃之离，不鼓缶而歌，则大耋之嗟，凶。	突如其来如，焚如，死如，弃如。	出涕沱若，戚嗟若，吉。	王用出征，有嘉，折首，获匪其丑，无咎。
31	咸 ䷞	感应亨通 虚怀若谷	亨，利贞，取女吉。	咸其拇。	咸其腓，凶，居吉。	咸其股，执其随，往吝。	贞吉悔亡，憧憧往来，朋从尔思。	咸其脢，无悔。	咸其辅，颊，舌。
32	恒 ䷟	恒久利贞 坚守正道	亨，无咎，利贞。利有攸往。	浚恒，贞凶，无攸利。	悔亡。	不恒其德，或承之羞，贞吝。	田无禽。	恒其德，贞妇人吉，夫子凶。	振恒，凶。
33	遁 ䷠	隐遁躲避 远离小人	亨，小利贞。	遁尾，厉，勿用有攸往。	执之用黄牛之革，莫之胜说。	系遁，有疾厉，畜臣妾吉。	好遁，君子吉，小人否。	嘉遁，贞吉。	肥遁，无不利。
34	大壮 ䷡	强盛壮大 切忌骄纵	大壮，利贞。	壮于趾，征凶，有孚。	贞吉。	小人用壮，君子用罔，贞厉。羝羊触藩，羸其角。	贞吉悔亡，藩决不羸，壮于大舆之輹。	丧羊于易，无悔。	羝羊触藩，不能退，不能遂，无攸利，艰则吉。

续表

序号	卦名卦画	核心寓意	卦辞	初爻	二爻	三爻	四爻	五爻	六爻
35	晋 ䷢	晋升前进 弘扬美德	康侯用锡马蕃庶,昼日三接。	晋如摧如,贞吉。罔孚,裕无咎。	晋如愁如,贞吉。受兹介福,于其王母。	众允,悔亡。	晋如鼫鼠,贞厉。	悔亡,失得勿恤,往吉,无不利。	晋其角,维用伐邑,厉吉无咎,贞吝。
36	明夷 ䷣	光明受阻 韬光养晦	利艰贞。	明夷于飞,垂其翼。君子于行,三日不食,有攸往,主人有言。	明夷,夷于左股,用拯马壮,吉	明夷于南狩,得其大首,不可疾,贞。	入于左腹,获明夷之心,出于门庭。	箕子之明夷,利贞。	不明晦,初登于天,后入于地。
37	家人 ䷤	治家有道 言行合一	利女贞。	闲有家,悔亡。	无攸遂,在中馈,贞吉。	家人嗃嗃,悔厉,吉;妇子嘻嘻,终吝。	富家,大吉。	王假有家,勿恤,吉。	有孚威如,终吉。
38	睽 ䷥	背离分散 求同存异	小事吉。	悔亡,丧马勿逐,自复。见恶人,无咎。	遇主于巷,无咎。	见舆曳,其牛掣,其人天且劓,无初有终。	睽孤,遇元夫,交孚,厉无咎。	悔亡,厥宗噬肤,往何咎。	睽孤,见豕负涂,载鬼一车,先张之弧,后说之弧,匪寇婚媾,往遇雨则吉。
39	蹇 ䷦	举步维艰 反省修身	利西南,不利东北。利见大人,贞吉。	往蹇来誉。	王臣蹇蹇,匪躬之故。	往蹇,来反。	往蹇来连。	大蹇朋来。	往蹇来硕,吉。利见大人。
40	解 ䷧	解困脱险 宽恕过失	利西南。无所往,其来复吉。有攸往,夙吉。	无咎。	田获三狐,得黄矢,贞吉。	负且乘,致寇至,贞吝。	解而拇,朋至斯孚。	君子维有解,吉,有孚于小人。	公用射隼,于高墉之上,获之无不利。

续表

序号	卦名卦画	核心寓意	卦　辞	初　爻	二　爻	三　爻	四　爻	五　爻	六　爻
41	损 ䷨	折损受挫 息怒塞欲	有孚,元吉,无咎,可贞。利有攸往。曷之用?二簋可用享。	已事遄往,无咎,酌损之。	利贞,征凶,弗损,益之。	三人行,则损一人;一人行,则得其友。	损其疾,使遄有喜,无咎。	或益之,十朋之龟,弗克违,元吉。	弗损,益之,无咎。贞吉。利有攸往,得臣无家。
42	益 ䷩	增强补益 从善改过	利有攸往,利涉大川。	利用为大作,元吉,无咎。	或益之十朋之龟,弗克违,永贞吉。王用享于帝,吉。	益之用凶事,无咎。有孚中行,告公用圭。	中行,告公从。利用为依迁国。	有孚惠心,勿问元吉。有孚惠我德。	莫益之,或击之,立心勿恒,凶。
43	夬 ䷪	水漫决堤 行事果决	扬于王庭,孚号,有厉告自邑,不利即戎;利有攸往。	壮于前趾,往不胜为咎。	惕号,莫夜有戎,勿恤。	壮于頄,有凶;君子夬夬,独行遇雨,若濡有愠,无咎。	臀无肤,其行次且;牵羊悔亡,闻言不信。	苋陆夬夬,中行无咎。	无号,终有凶。
44	姤 ䷫	邂逅熟女 传告四方	女壮,勿用取女。	系于金柅,贞吉,有攸往,见凶。羸豕孚蹢躅。	包有鱼,无咎,不利宾。	臀无肤,其行次且,厉,无大咎。	包无鱼,起凶。	以杞包瓜,含章,有陨自天。	姤其角,吝,无咎。
45	萃 ䷬	聚气同心 防患未然	亨,王假有庙,利见大人,亨,利贞。用大牲吉,利有攸往。	有孚不终,乃乱乃萃,若号,一握为笑,勿恤,往无咎。	引吉,无咎,孚乃利用禴。	萃如嗟如,无攸利,往无咎,小吝。	大吉,无咎。	萃有位,无咎。匪孚,元永贞,悔亡。	赍咨涕洟,无咎。

续表

序号	卦名卦画	核心寓意	卦辞	初爻	二爻	三爻	四爻	五爻	六爻
46	升 ䷭	上升发展积累壮大	元亨。用见大人,勿恤,南征吉。	允升,大吉。	孚乃利用禴,无咎。	升虚邑。	王用亨于岐山,吉,无咎。	贞吉,升阶。	冥升,利于不息之贞。
47	困 ䷮	身陷困境舍生取义	亨,贞大人吉,无咎。有言不信。	臀困于株木,入于幽谷,三岁不见。	困于酒食,朱绂方来,利用亨祀。征凶,无咎。	困于石,据于蒺藜。入于其宫,不见其妻,凶。	来徐徐,困于金车,吝,有终。	劓刖,困于赤绂,乃徐有说,利用祭祀。	困于葛藟,于臲卼,曰动悔。有悔,征吉。
48	井 ䷯	井养不穷劳作互助	改邑不改井,无丧无得。往来井井。汔至,亦未繘井,羸其瓶,凶。	井泥不食,旧井无禽。	井谷射鲋,瓮敝漏。	井渫不食,为我心恻。可用汲,王明并受其福。	井甃,无咎。	井冽寒泉,食。	井收勿幕,有孚元吉。
49	革 ䷰	革新变法以顺天时	己日乃孚,元亨利贞,悔亡。	巩用黄牛之革。	己日乃革之,征吉,无咎。	征凶,贞厉,革言三就,有孚。	悔亡,有孚,改命,吉。	大人虎变,未占有孚。	君子豹变,小人革面,征凶,居贞吉。
50	鼎 ䷱	革故鼎新天降大任	元吉,亨。	鼎颠趾,利出否。得妾以其子,无咎。	鼎有实,我仇有疾,不我能即,吉。	鼎耳革,其行塞,雉膏不食,方雨亏悔,终吉。	鼎折足,覆公餗,其形渥,凶。	鼎黄耳金铉,利贞。	鼎玉铉,大吉,无不利。

续表

序号	卦名卦画	核心寓意	卦辞	初爻	二爻	三爻	四爻	五爻	六爻
51	震	雷霆威震 自我反省	亨。震来虩虩，笑言哑哑。震惊百里，不丧匕鬯。	震来虩虩，后笑言哑哑，吉。	震来厉，亿丧贝。跻于九陵，勿逐，七日得。	震苏苏，震行无眚。	震遂泥。	震往来厉，亿无丧，有事。	震索索，视矍矍，征凶。震不于其躬，于其邻，无咎。婚媾有言。
52	艮	受阻而止 事不越界 守正从实	艮其背，不获其身，行其庭，不见其人，无咎。	艮其趾，无咎，利永贞。	艮其腓，不拯其随，其心不快。	艮其限，列其夤，厉薰心。	艮其身，无咎。	艮其辅，言有序，悔亡。	敦艮，吉。
53	渐	循序渐进 守正从贤	女归吉，利贞。	鸿渐于干，小子厉，有言，无咎	鸿渐于磐，饮食衎衎，吉。	鸿渐于陆，夫征不复，妇孕不育，凶。利御寇。	鸿渐于木，或得其桷，无咎。	鸿渐于陵，妇三岁不孕，终莫之胜，吉。	鸿渐于陆，其羽可用为仪，吉。
54	归妹	谈婚论嫁 有始有终	征凶，无攸利。	归妹以娣，跛能履，征吉。	眇能视，利幽人之贞。	归妹以须，反归以娣。	归妹愆期，迟归有时。	帝乙归妹，其君之袂，不如其娣之袂良，月几望，吉。	女承筐无实，士刲羊无血，无攸利。
55	丰	丰盛充盈 赏善习恶	亨。王假之，勿忧，宜日中。	遇其配主，虽旬无咎；往有尚。	丰其蔀，日中见斗，往得疑疾，有孚发若，吉。	丰其沛，日中见沫，折其右肱，无咎	丰其蔀，日中见斗，遇其夷主，吉。	来章，有庆誉，吉。	丰其屋，蔀其家，窥其户，阗其无人，三岁不见，凶。

续表

序号	卦名卦画	核心寓意	卦辞	初爻	二爻	三爻	四爻	五爻	六爻
56	旅 ䷷	旅行有益 宽容过失	小亨。旅贞吉。	旅琐琐，斯其所取灾。	旅即次，怀其资，得童仆，贞。	旅焚其次，丧其童仆，贞厉。	旅于处，得其资斧，我心不快	射雉一矢亡，终以誉命	鸟焚其巢，旅人先笑后号咷，丧牛于易，凶。
57	巽 ䷸	顺服齐心 共谋大事	小亨。利有攸往，利见大人。	进退，利武人之贞。	巽在床下，用史巫纷若，吉，无咎。	频巽，吝。	悔亡，田获三品。	贞吉，悔亡，无不利。无初有终，先庚三日，后庚三日，吉。	巽在床下，丧其资斧，贞凶。
58	兑 ䷹	喜悦祥和 学习交流	亨，利贞。	和兑，吉。	孚兑，吉，悔亡。	来兑，凶。	商兑未宁，介疾有喜。	孚于剥，有厉。	引兑。
59	涣 ䷺	人心涣散 建立信仰	亨，王假有庙，利涉大川，利贞。	用拯马壮，吉。	涣奔其机，悔亡。	涣其躬，无悔。	涣其群，元吉。涣有丘，匪夷所思。	涣汗其大号，涣王居，无咎。	涣其血，去逖出，无咎。
60	节 ䷻	节俭之道 以法促德	亨，苦节不可贞。	不出户庭，无咎。	不出门庭，凶。	不节若，则嗟若。无咎。	安节，亨。	甘节，吉，往有尚。	苦节，贞凶，悔亡。
61	中孚 ䷼	忠诚守信 慈悲为怀	豚鱼吉。利涉大川，利贞。	虞吉，有它不燕。	鸣鹤在阴，其子和之。我有好爵，吾与尔靡之。	得敌，或鼓或罢，或泣或歌。	月既望，马匹亡，无咎。	有孚挛如，无咎。	翰音登于天，贞凶。

续表

序号	卦名卦画	核心寓意	卦辞	初爻	二爻	三爻	四爻	五爻	六爻
62	小过 ䷽	小事吉祥 诸事谨慎	亨，利贞。可小事，不可大事。飞鸟遗之音，不宜上，宜下，大吉。	飞鸟以凶。	过其祖，遇其妣。不及其君，遇其臣，无咎。	弗过防之，从或戕之，凶。	无咎，弗过遇之，往厉必戒，勿用，永贞。	密云不雨，自我西郊。公弋取彼在穴。	弗遇过之，飞鸟离之，凶。是谓灾眚。
63	既济 ䷾	功成名就 未雨绸缪	亨，小利贞，初吉终乱。	曳其轮，濡其尾，无咎。	妇丧其茀，勿逐，七日得。	高宗伐鬼方，三年克之。小人勿用。	繻有衣袽，终日戒。	东邻杀牛，不如西邻之禴祭，实受其福。	濡其首，厉。
64	未济 ䷿	事业未竟 辨物分类	亨，小狐汔济，濡其尾，无攸利。	濡其尾，吝。	曳其轮，贞吉。	未济，征凶，利涉大川。	贞吉，悔亡，震用伐鬼方，三年有赏于大国。	贞吉，无悔，君子之光，有孚，吉。	有孚于饮酒，无咎。濡其首，有孚失是。

附录二 《十翼》之《系辞传》《说卦传》 《序卦传》《杂卦传》《文言传》原文

《系辞传》

上传

天尊地卑,乾坤定矣。卑高以陈,贵贱位矣。动静有常,刚柔断矣。方以类聚,物以群分,吉凶生矣。在天成象,在地成形,变化见矣。

是故,刚柔相摩,八卦相荡。鼓之以雷霆,润之以风雨,日月运行,一寒一暑,乾道成男,坤道成女。乾知大始,坤作成物。乾以易知,坤以简能。

易则易知,简则易从。易知则有亲,易从则有功。有亲则可久,有功则可大。可久则贤人之德,可大则贤人之业。易简,而天下之理得矣;天下之理得,而成位乎其中矣。

圣人设卦观象,系辞焉而明吉凶,刚柔相推而生变化。

是故吉凶者,失得之象也。悔吝者,忧虞之象也。变化者,进退之象也。刚柔者,昼夜之象也。六爻之动,三极之道也。是故君子所居而安者,《易》*之序也。所乐而玩者,爻之辞也。

是故君子居则观其象而玩其辞;动则观其变而玩其占。是以自天佑之,吉无不利。

彖者,言乎象者也。爻者,言乎变者也。吉凶者,言乎其失得也。悔吝者,言乎其小疵也。无咎者,善补过也。

---

* 注:易的书名号以黄寿祺《周易译注》为准。

　　是故列贵贱者存乎位。齐小大者存乎卦。辨吉凶者存乎辞。忧悔吝者存乎介。震无咎者存乎悔。是故,卦有小大,辞有险易。辞也者,各指其所之。

　　《易》与天地准,故能弥纶天地之道。仰以观于天文,俯以察于地理,是故知幽明之故。原始反终,故知死生之说。精气为物,游魂为变,是故知鬼神之情状。与天地相似,故不违。知周乎万物,而道济天下,故不过。旁行而不流,乐天知命,故不忧。安土敦乎仁,故能爱。范围天地之化而不过,曲成万物而不遗,通乎昼夜之道而知,故神无方而《易》无体。

　　一阴一阳之谓道,继之者善也,成之者性也。仁者见之谓之仁,知者见之谓之知。百姓日用而不知,故君子之道鲜矣。显诸仁,藏诸用,鼓万物而不与圣人同忧,盛德大业至矣哉。富有之谓大业,日新之谓盛德。生生之谓易,成象之谓乾,效法之为坤,极数知来之谓占,通变之谓事,阴阳不测之谓神。

　　夫《易》,广矣大矣,以言乎远,则不御;以言乎迩,则静而正;以言乎天地之间,则备矣。夫乾,其静也专,其动也直,是以大生焉。夫坤,其静也翕,其动也辟,是以广生焉。广大配天地,变通配四时,阴阳之义配日月,易简之善配至德。

　　子曰:"《易》其至矣乎!",夫《易》,圣人所以崇德而广业也。知崇礼卑,崇效天,卑法地。天地设位,而《易》行乎其中矣,成性存存,道义之门。

　　圣人有以见天下之赜,而拟诸其形容,象其物宜,是故谓之象。圣人有以见天下之动,而观其会通,以行其典礼。系辞焉,以断其吉凶,是故谓之爻。言天下之至赜,而不可恶也。言天下之至动,而不可乱也。拟之而后言,议之而后动,拟议以成其变化。"鸣鹤在阴,其子和之,我有好爵,吾与尔靡之。"

　　子曰:"君子居其室,出其言善,则千里之外应之,况其迩者乎。居其室,出其言不善,则千里之外违之,况其迩者乎。言出乎身,加乎民;行发乎迩,见乎远。言行君子之枢机,枢机之发,荣辱之主也。言行,君子之所以动天地也,可不慎乎。"

　　"同人,先号咷而后笑。"子曰:"君子之道,或出或处,或默或语,二人同心,其利断金。同心之言,其臭如兰。"

"初六，藉用白茅，无咎。"子曰："苟错诸地而可矣。藉之用茅，何咎之有？慎之至也。夫茅之为物薄，而用可重也。慎斯术也以往，其无所失矣。"

"劳谦君子，有终，吉。"子曰："劳而不伐，有功而不德，厚之至也，语以其功下人者也。德言盛，礼言恭，谦也者，致恭以存其位者也。"

"亢龙有悔。"子曰："贵而无位，高而无民，贤人在下位而无辅，是以动而有悔也。"

"不出户庭，无咎。"子曰："乱之所生也，则言语以为阶。君不密，则失臣；臣不密，则失身；几事不密，则害成。是以君子慎密而不出也。"

子曰："作《易》者其知盗乎？《易》曰：负且乘，致寇至。负也者，小人之事也。乘也者，君子之器也。小人而乘君子之器，盗思夺之矣！上慢下暴，盗思伐之矣！慢藏诲盗，冶容诲淫，《易》曰：'负且乘，致寇至。'盗之招也。"

天一地二，天三地四，天五地六，天七地八，天九地十。天数五，地数五，五位相得而各有合。天数二十有五，地数三十，凡天地之数五十有五，此所以成变化而行鬼神也。大衍之数五十，其用四十有九。分而为二以象两，挂一以象三，揲之以四以象四时，归奇于扐以象闰。五岁再闰，故再扐而后挂。

乾之策，二百一十有六；坤之策，百四十有四，凡三百有六十，当期之日。二篇之策，万有一千五百二十，当万物之数也。是故，四营而成《易》，十有八变而成卦。八卦而小成，引而伸之，触类而长之，天下之能事毕矣。显道神德行，是故可与酬酢，可与佑神矣。子曰："知变化之道者，其知神之所为乎。"

《易》有圣人之道四焉：以言者尚其辞，以动者尚其变，以制器者尚其象，以卜筮者尚其占。以君子将有为也，将有行也，问焉而以言，其受命也如响，无有远近幽深，遂知来物。非天下之至精，其孰能与于此。

参伍以变，错综其数，通其变，遂成天下之文。极其数，遂定天下之象。非天下之至变，其孰能与于此。《易》无思也，无为也，寂然不动，感而遂通天下之故。非天下之至神，其孰能与于此。

夫《易》，圣人之所以极深而研几也。唯深也，故能通天下之志。唯几也,故能成天下之务。唯神也,故不疾而速,不行而至。子曰"《易》有圣人之道四焉"者,此之谓也。

子曰:"夫《易》,何为者也?夫《易》开物成务,冒天下之道,如斯而已者也。是故,圣人以通天下之志,以定天下之业,以断天下之疑。"是故,蓍之德,圆而神;卦之德,方以知;六爻之义,易以贡。圣人以此洗心,退藏于密,吉凶与民同患。神以知来,知以藏往,其孰能与此哉!古之聪明睿知神武而不杀者夫?

是以,明于天之道,而察于民之故,是兴神物以前民用。圣人以此齐戒,以神明其德夫!是故,阖户谓之坤;辟户谓之乾;一阖一辟谓之变;往来不穷谓之通;见乃谓之象;形乃谓之器;制而用之,谓之法;利用出入,民咸用之,谓之神。

是故,易有太极,是生两仪,两仪生四象,四象生八卦,八卦定吉凶,吉凶生大业。是故,法象莫大乎天地,变通莫大乎四时,县象著明莫大乎日月,崇高莫大乎富贵;备物致用,立成器以为天下利,莫大乎圣人;探赜索隐,钩深致远,以定天下之吉凶,成天下之亹亹者,莫大乎蓍龟。

是故,天生神物,圣人则之;天地变化,圣人效之;天垂象,见吉凶,圣人象之。河出图,洛出书,圣人则之。《易》有四象,所以示也。系辞焉,所以告也。定之以吉凶,所以断也。

《易》曰:"自天佑之,吉无不利。"子曰:"佑者,助也。天之所助者,顺也;人之所助者,信也。履信思乎顺,又以尚贤也。是以自天佑之,吉无不利也。"

子曰:"书不尽言,言不尽意。然则圣人之意,其不可见乎。"子曰:"圣人立象以尽意,设卦以尽情伪,系辞焉以尽其言,变而通之以尽利,鼓之舞之以尽神。"

乾坤其《易》之缊邪?乾坤成列,而《易》立乎其中矣。乾坤毁,则无以见《易》,《易》不可见,则乾坤或几乎息矣。是故,形而上者谓之道,形而下者谓之器。化而裁之谓之变,推而行之谓之通,举而错之天下之民,谓之事业。

是故,夫象,圣人有以见天下之赜,而拟诸其形容,象其物宜,是故谓之象。圣人有以见天下之动,而观其会通,以行其典礼,系辞焉,以断其吉凶,是故谓之爻。极天下之赜者,存乎卦;鼓天下之动者,存乎辞;化而裁之,存乎变;推而行之,存乎通;神而明之,存乎其人;默而成之,不言而信,存乎德行。

下传

八卦成列,象在其中矣。因而重之,爻在其中矣。刚柔相推,变在其中矣。系辞焉而命之,动在其中矣。

吉凶悔吝者,生乎动者也。刚柔者,立本者也。变通者,趣时者也。

吉凶者,贞胜者也。天地之道,贞观者也。日月之道,贞明者也。天下之动,贞夫一者也。

夫乾,确然示人易矣。夫坤,隤然示人简矣。爻也者,效此者也。象也者,像此者也。

爻象动乎内,吉凶见乎外,功业见乎变,圣人之情见乎辞。

天地之大德曰生,圣人之大宝曰位。何以守位曰仁,何以聚人曰财。理财正辞,禁民为非曰义。

古者包牺氏之王天下也,仰则观象于天,俯则观法于地,观鸟兽之文与地之宜,近取诸身,远取诸物,于是始作八卦,以通神明之德,以类万物之情。

作结绳而为罔罟,以佃以渔,盖取诸离。

包牺氏没,神农氏作,斫木为耜,揉木为耒,耒耨之利,以教天下,盖取诸益。

日中为市,致天下之民,聚天下之货,交易而退,各得其所,盖取诸噬嗑。

神农氏没,黄帝、尧、舜氏作,通其变,使民不倦,神而化之,使民宜之。《易》穷则变,变则通,通则久。是以自天佑之,吉无不利,黄帝、尧、舜垂衣裳而天下治,盖取诸乾坤。

刳木为舟,剡木为楫,舟楫之利,以济不通,致远以利天下,盖取诸涣。

服牛乘马,引重致远,以利天下,盖取诸随。

重门击柝,以待暴客,盖取诸豫。

断木为杵,掘地为臼,臼杵之利,万民以济,盖取诸小过。

弦木为弧,剡木为矢,弧矢之利,以威天下,盖取诸睽。

上古穴居而野处，后世圣人易之以宫室，上栋下宇，以待风雨，盖取诸大壮。

古之葬者，厚衣之以薪，葬之中野，不封不树，丧期无数。后世圣人易之以棺椁，盖取诸大过。

上古结绳而治，后世圣人易之以书契，百官以治，万民以察，盖取诸夬。

是故《易》者，象也，象也者，像也。彖者，材也，爻也者，效天下之动者也。是故，吉凶生，而悔吝著也。

阳卦多阴，阴卦多阳，其故何也？阳卦奇，阴卦耦。其德行何也？阳一君而二民，君子之道也。阴二君而一民，小人之道也。

《易》曰："憧憧往来，朋从尔思。"子曰："天下何思何虑？天下同归而殊涂，一致而百虑，天下何思何虑？"

"日往则月来，月往则日来，日月相推而明生焉。寒往则暑来，暑往则寒来，寒暑相推而岁成焉。往者屈也，来者信也，屈信相感而利生焉。"

"尺蠖之屈，以求信也。龙蛇之蛰，以存身也。精义入神，以致用也。利用安身，以崇德也。过此以往，未之或知也。穷神知化，德之盛也。"

《易》曰："困于石，据于蒺藜，入于其宫，不见其妻，凶。"子曰："非所困而困焉，名必辱。非所据而据焉，身必危。既辱且危，死期将至，妻其可得见邪？"

《易》曰："公用射隼，于高墉之上，获之无不利。"子曰："隼者禽也，弓矢者器也，射之者人也。君子藏器于身，待时而动，何不利之有？动而不括，是以出而有获，语成器而动者也。"

子曰："小人不耻不仁，不畏不义，不见利不劝，不威不惩，小惩而大诫，此小人之福也。《易》曰：'履校灭趾无咎。'此之谓也。"

"善不积，不足以成名；恶不积，不足以灭身。小人以小善为无益，而弗为也，以小恶为无伤，而弗去也，故恶积而不可掩，罪大而不可解。《易》曰：'何校灭耳凶。'"

子曰："危者，安其位者也；亡者，保其存者也；乱者，有其治者也。是故，君子安而不忘危，存而不忘亡，治而不忘乱；是以身安而国家可保也。《易》曰：'其亡其亡，系于苞桑。'"

子曰："德薄而位尊，知小而谋大，力小而仟重，鲜不及矣，《易》曰：'鼎折足，覆公铼，其形渥，凶。'言不胜其任也。"

子曰："知几其神乎？君子上交不谄，下交不渎，其知几乎？几者动之微，吉之先见者也。君子见几而作，不俟终日。《易》曰：'介于石，不终日，贞吉。'介如石焉，宁用终日，断可识矣。君子知微知彰，知柔知刚，万夫之望。"

子曰："颜氏之子，其殆庶几乎？有不善未尝不知，知之未尝复行也。《易》曰：'不远复，无祇悔，元吉。'"

天地纲缊，万物化醇。男女构精，万物化生，《易》曰："三人行，则损一人；一人行，则得其友。"言致一也。

子曰："君子安其身而后动，易其心而后语，定其交而后求，君子修此三者，故全也。危以动，则民不与也；惧以语，则民不应也。无交而求，则民不与也。莫之与，则伤之者至矣。《易》曰：'莫益之，或击之，立心勿恒，凶。'"

子曰："乾坤其《易》之门邪？乾，阳物也；坤，阴物也；阴阳合德，而刚柔有体，以体天地之撰，以通神明之德，其称名也杂而不越，于稽其类，其衰世之意邪？"夫《易》，彰往而察来，而微显阐幽，开而当名，辨物正言，断辞则备矣。其称名也小，其取类也大，其旨远，其辞文，其言曲而中，其事肆而隐，因贰以济民行，以明失得之报。

《易》之兴也，其于中古乎？作《易》者，其有忧患乎？

是故履，德之基也；谦，德之柄也；复，德之本也；恒，德之固也；损，德之修也；益，德之裕也；困，德之辨也；井，德之地也；巽，德之制也。

履，和而至；谦，尊而光；复，小而辨于物；恒，杂而不厌；损，先难而后易；益，长裕而不设；困，穷而通；井，居其所而迁；巽，称而隐。

履以和行，谦以制礼，复以自知，恒以一德，损以远害，益以兴利，困以寡怨，井以辨义，巽以行权。

《易》之为书也不可远，为道也屡迁，变动不居，周流六虚，上下无常，刚柔相易，不可为典要，唯变所适，其出入以度，外内使知惧，又明于忧患与故，无有师保，如临父母，初率其辞，而揆其方，既有典常，苟非其人，道不虚行。

《易》之为书也，原始要终，以为质也。六爻相杂，唯其时物也。其初难知，其上易知，本末也。初辞拟之，卒成之终。若夫杂物撰德，辨是与非，则非其中爻不备。

噫！亦要存亡吉凶，则居可知矣。知者观其彖辞，则思过半矣。

二与四同功，而异位，其善不同。二多誉，四多惧，近也。柔之为道，不利远者，其要无咎，其用柔中也。三与五同功，而异位。三多凶，五多功，贵贱之等也。其柔危，其刚胜邪？

《易》之为书也，广大悉备，有天道焉，有人道焉，有地道焉。兼三材而两之，故六；六者，非它也，三材之道也。道有变动，故曰爻。爻有等，故曰物。物相杂，故曰文。文不当，故吉凶生焉。

《易》之兴也，其当殷之末世，周之盛德邪？当文王与纣之事邪？是故其辞危，危者使平，易者使倾。其道甚大，百物不废，惧以终始，其要无咎，此之谓《易》之道也。

夫乾，天下之至健也，德行恒易以知险；夫坤，天下之至顺也，德行恒简以知阻。

能说诸心，能研诸侯之虑，定天下之吉凶，成天下之亹亹者，是故，变化云为，吉事有祥，象事知器，占事知来。天地设位，圣人成能。人谋鬼谋，百姓与能。

八卦以象告，爻象以情言，刚柔杂居，而吉凶可见矣。

变动以利言，吉凶以情迁，是故爱恶相攻而吉凶生。远近相取而悔吝生，情伪相感而利害生。凡《易》之情，近而不相得则凶，或害之，悔且吝。

将叛者其辞惭，中心疑者其辞枝。吉人之辞寡，躁人之辞多，诬善之人其辞游，失其守者其辞屈。

《说卦传》

第一章

昔者圣人之作《易》也，幽赞于神明而生蓍，参天两地而倚数，观变于阴阳而立卦，发挥于刚柔而生爻，和顺于道德而理于义，穷理尽性，以至于命。

第二章

昔者圣人之作《易》也，将以顺性命之理。是以立天之道，曰阴与阳；立地之道，曰柔与刚；立人之道，曰仁与义。兼三才而两之，故《易》六画而成卦。分阴分阳，迭用柔刚，故《易》六位而成章。

第三章

天地定位，山泽通气，雷风相薄，水火不相射，八卦相错。数往者顺，知来者逆，是故《易》逆数也。

第四章

雷以动之，风以散之，雨以润之，日以烜之，艮以止之，兑以说之，乾以君之，坤以藏之。

第五章

帝出乎震，齐乎巽，相见乎离，致役乎坤，说言乎兑，战乎乾，劳乎坎，成言乎艮。万物出乎震，震，东方也。齐乎巽，巽，东南也。齐也者，言万物之洁齐也。离也者，明也，万物皆相见，南方之卦也。圣人南面而听天下，向明而治，盖取诸此也。坤也者，地也，万物皆致养焉，故曰致役乎坤。兑正秋也，万物之所说也，故曰说言乎兑。战乎乾，乾，西北之卦也，言阴阳相薄也。坎者水也，正北方之卦也，劳卦也，万物之所归也，故曰劳乎坎。艮，东北之卦也，万物之所成终而所成始也，故曰成言乎艮。

第六章

神也者，妙万物而为言者也。动万物者，莫疾乎雷；桡万物者，莫疾乎风；燥万物者，莫熯乎火；说万物者，莫说乎泽；润万物者，莫润乎水；终万物、始万物者，莫盛乎艮。故水火相逮，雷风不相悖，山泽通气，然后能变化，既成万物也。

第七章

乾，健也；坤，顺也；震，动也；巽，入也；坎，陷也；离，丽也；艮，止也；兑，说也。

第八章

乾为马，坤为牛，震为龙，巽为鸡，坎为豕，离为雉，艮为狗，兑为羊。

第九章

乾为首，坤为腹，震为足，巽为股，坎为耳，离为目，艮为手，兑为口。

第十章

乾天也,故称乎父;坤地也,故称乎母。震一索而得男,故谓之长男;巽一索而得女,故谓之长女;坎再索而得男,故谓之中男;离再索而得女,故谓之中女;艮三索而得男,故谓之少男;兑三索而得女,故谓之少女。

第十一章

乾为天、为圜、为君、为父、为玉、为金、为寒、为冰、为大赤、为良马、为瘠马、为驳马、为木果。

坤为地、为母、为布、为釜、为吝啬、为均、为子母牛、为大舆、为文、为众、为柄、其于地也为黑。

震为雷、为龙、为玄黄、为敷、为大涂、为长子、为决躁、为苍筤竹、为萑苇。其于马也,为善鸣、为馵足、为作足、为的颡。其于稼也,为反生。其究为健,为蕃鲜。

巽为木、为风、为长女、为绳直、为工、为白、为长、为高、为进退、为不果、为臭。其于人也,为寡发、为广颡、为多白眼、为近利市三倍。其究为躁卦。

坎为水、为沟渎、为隐伏、为矫輮、为弓轮。其于人也,为加忧、为心病、为耳痛、为血卦、为赤。其于马也,为美脊、为亟心、为下首、为薄蹄、为曳。其于舆也,为多眚。为通、为月、为盗。其于木也,为坚多心。

离为火、为日、为电、为中女、为甲胄、为戈兵。其于人也,为大腹。为乾卦。为鳖、为蟹、为蠃、为蚌、为龟。其于木也,为科上槁。

艮为山、为径路、为小石、为门阙、为果蓏、为阍寺、为指、为狗、为鼠、为黔喙之属。其于木也,为坚多节。

兑为泽、为少女、为巫、为口舌、为毁折、为附决。其于地也,刚卤。为妾、为羊。

《序卦传》

上传

有天地,然后万物生焉。盈天地之间者唯万物,故受之以屯。屯者,盈也;物之始生也。物生必蒙,故受之以蒙。蒙者,蒙也;物之稚也。物稚不可不养也,故受之以需。需者,饮食之道也。饮食必有讼,故受之以讼。讼必有众起,故受之以师。师者,众也。众必有所比,故受之以比。比者,比也。比必有所畜,故受之以小畜。物畜然后有礼,故受之以履。履而泰然后安,故受之以泰。泰者,通也。物不可以终通,故受之以否。物不可以终否,故受之以同人。与人同者物必归焉,故受之以大有。有大者不可以盈,故受之以谦。有大而能谦必豫,故受之以豫。豫必有随,故受之以随。以喜随人者必有事,故受之以蛊。蛊者,事也。有事而后可大,故受之以临。临者,大也。物大然后可观,故受之以观。可观而后有所合,故受之以噬嗑。嗑者,合也。物不可苟合而已,故受之以贲。贲者,饰也。致饰然后亨则尽矣,故受之以剥。剥者,剥也。物不可以终尽,剥穷上反下,故受之以复。复则不妄矣,故受之以无妄。有无妄然后可畜,故受之以大畜。物畜然后可养,故受之以颐。颐者,养也。不养则不可动,故受之以大过。物不可以终过,故受之以坎。坎者,陷也。陷必有所丽,故受之以离。离者,丽也。

下传

有天地,然后有万物;有万物,然后有男女;有男女,然后有夫妇;有夫妇,然后有父子;有父子,然后有君臣;有君臣,然后有上下;有上下,然后礼义有所错。夫妇之道,不可以不久也,故受之以恒。恒者,久也。物不可久居其所,故受之以遁。遁者,退也。物不可以终遁,故受之以大壮。物不可以终壮,故受之以晋。晋者,进也。晋必有所伤,故受之以明夷。夷者,伤也。伤于外者必反其家,故受之以家人。家道穷必乖,故受之以睽。睽者,乖也。乖必有难,故受之以蹇。蹇者,难也。物不可以终难,故受之以解。解者,缓也。缓必有所失,故受之以损。损而不已必益,故受之以益。益而不已必决,故受之以夬。夬者,决也。决必有所遇,故受之以姤。姤者,遇也。物相遇而后聚,故受之以萃。萃者,聚也。聚而上者谓之升,故受之以升。升而不已必困,故受之以困。困乎上者必反下,故受之以井。井道不可不革,故受之以革。革物者莫若鼎,故受之以鼎。主器者莫若长子,故受之以震。震者,动也。物不可以终动,止之,故受之以艮。艮者,止也。物不可以终止,故受之以渐。渐者,进也。进必有所归,故受之以归妹。得其所归者必大,故受之以丰。丰者,大也。穷大者必失其所居,故受之以旅。旅而无所容,故受之以巽。巽者,入也。入而后说之,故受之以兑。兑者,说也。说而后散之,故受之以涣。涣者,离也。物不可以终离,故受之以节。节而信之,故受之以中孚。有信者必行之,故受之以小过。有过物者必济,故受之以既济。物不可穷也,故受之以未济终焉。

《杂卦传》

乾刚坤柔,比乐师忧。

临、观之义,或与或求。

屯见而不失其居,蒙杂而著。

震,起也。艮,止也。

损、益盛衰之始也。

大畜时也。无妄灾也。

萃聚而升不来也。

谦轻而豫怠也。

噬嗑食也,贲无色也。

兑见而巽伏也。

随无故也,蛊则饬也。

剥烂也,复反也。

晋昼也。明夷诛也。

井通而困相遇也。

咸速也。恒久也。

涣离也。节止也。

解缓也。蹇难也。

睽外也。家人内也。

否、泰反其类也。

大壮则止,遁则退也。

大有众也。同人亲也。

革去故也。鼎取新也。

小过过也。中孚信也。

丰多故也。亲寡旅也。

离上而坎下也。

小畜寡也。履不处也。

需不进也。讼不亲也。

大过颠也。

姤遇也，柔遇刚也，渐女归待男行也。

颐养正也。既济定也。

归妹女之终也。未济男之穷也。

夬决也，刚决柔也，君子道长，小人道忧也。

《文言传》

乾文言

"元"者，善之长也；"亨"者，嘉之会也；"利"者，义之和也；"贞"者，事之干也。君子体仁足以长人，嘉会足以合礼，利物足以和义，贞固足以干事。君子行此四德者，故曰"乾，元亨利贞。"

初九曰"潜龙勿用"，何谓也？子曰："龙德而隐者也。不易乎世，不成乎名；遁世无闷，不见是而无闷；乐则行之，忧则违之，确乎其不可拔，潜龙也。"

九二曰"见龙在田，利见大人"，何谓也？子曰："龙，德而正中者也。庸言之信，庸行之谨；闲邪存其诚，善世而不伐，德博而化。《易》曰'见龙在田，利见大人'，君德也。"

九三曰"君子终日乾乾，夕惕若，厉无咎"，何谓也？子曰："君子进德修业。忠信，所以进德也；修辞立其诚，所以居业也。知至至之，可与言几也。知终终之，可与存义也。是故居上位而不骄，在下位而不忧。故乾乾因其时而惕，虽危无咎矣。"

九四曰"或跃在渊，无咎"，何谓也？子曰："上下无常，非为邪也；进退无恒，非离群也。君子进德修业，欲及时也，故无咎。"

九五曰"飞龙在天，利见大人"，何谓也？子曰："同声相应，同气相求；水流湿，火就燥；云从龙，风从虎；圣人作而万物睹。本乎天者亲上，本乎地者亲下，则各从其类也。"

上九曰"亢龙有悔"，何谓也？子曰："贵而无位，高而无民，贤人在下位而无辅，是以动而有悔也。"

"潜龙勿用"，下也；"见龙在田"，时舍也；"终日乾乾"，行事也；"或跃在渊"，自试也；"飞龙在天"，上治也；"亢龙有悔"，穷之灾也；乾元"用九"，天下治也。

"潜龙勿用"，阳气潜藏；"见龙在田"，天下文明；"终日乾乾"，与时偕行；"或跃在渊"，乾道乃革；"飞龙在天"，乃位乎天德；"亢龙有悔"，与时偕极；乾元"用九"，乃见天则。

"乾元"者，始而亨者也。"利贞"者，性情也。乾始能以美利利天下，不言所利，大矣哉！大哉乾乎！刚健中正，纯粹精也。六爻发挥，旁通情也。时乘六龙，以御天也；云行雨施，天下平也。

君子以成德为行。日可见之行也。"潜"之为言也，隐而未见，行而未成，是以君子弗用也。君子学而聚之，问以辩之，宽以居之，仁以行之。《易》曰"见龙在田，利见大人"，君德也。

九三重刚而不中，上不在天，下不在田，故"乾乾"因其时而"惕"，虽危"无咎"矣。

九四重刚而不中，上不在天，下不在田，中不在人，故"或"之。或之者，疑之也，故"无咎"。

夫"大人"者，与天地合其德，与日月合其明，与四时合其序，与鬼神合其吉凶。先天而天弗违，后天而奉天时。天且弗违，而况于人乎？况于鬼神乎？

"亢"之为言也，知进而不知退，知存而不知亡，知得而不知丧。其唯圣人乎！知进退存亡，而不失其正者，其唯圣人乎！

坤文言

坤，至柔而动也刚，至静而德方。"后得主"而有常，含万物而化光，坤道其顺乎，承天而时行。

积善之家，必有余庆；积不善之家，必有余殃。臣弑其君，子弑其父，非一朝一夕之故，其所由来者渐矣！由辩之不早辩也。《易》曰"履霜坚冰至"，盖言顺也。

"直"其正也，"方"其义也。君子敬以直内，义以方外，敬义立而德不孤。"直方大，不习无不利"，则不疑其所行也。

阴虽有美，含之以"从王事"，弗敢成也。

地道也，妻道也，臣道也。地道"无成"而代"有终"也。

天地变化，草木蕃；天地闭，贤人隐。《易》曰"括囊，无咎无誉"，盖言谨也。

君子黄中通理，正位居体，美在其中，而畅于四支，发于事业，美之至也！

阴疑于阳必战，为其嫌于无阳也，故称"龙"焉。犹未离其类也，故称"血"焉。夫"玄黄"者，天地之杂也，天玄而地黄。

参 考 文 献

1. 朱熹著.廖明春点校.周易本义.北京：中华书局,2009 年版.

2. 王弼注.孔颖达疏.周易正义(十三经注疏).北京：北京大学出版社,2000 年版.

3. 刘大钧著.周易概论.成都：巴蜀书社,2016 年版.

4. 贺华章著.图解周易大全.北京：现代出版社,2016 年版.

5. 黄寿祺、张善文编.周易译注.上海：上海古籍出版社,2014 年版.

6. 周德元著.易源易法.北京：团结出版社,2014 年版.

7. 李文辉原编.孙正治注译.增删卜易.北京：中医古籍出版社,2012 年版.

8. 邵雍原著.李峰注解.梅花易数.海口：海南出版社,2011 年版.

9. 邵雍原著.郑同著.白话梅花易数.北京：华龄出版社,2011 年版.

10. 南怀瑾讲述.易经杂说.上海：东方出版社,2015 年版.

11. 王炳中著.周易导读.上海：上海古籍出版社,2011 年版.

12. 沈炜民著.周易与应用.上海：上海辞书出版社,2014 年版.

13. 商宏宽著.周易的科学理念.深圳：海天出版社,2016 年版.

14. 洪镇涛主编.戴忠路注译.周易.上海：上海大学出版社,2012 年版.

15. 李长苏译注.四书.长沙：岳麓书社,2014 年版.

16. 李春尧译注.大学中庸.长沙：岳麓书社,2012 年版.

17. 黄朴民译注.孙子兵法.长沙：岳麓书社,2011 年版.

18. 陈欣雨著.推天道、明人事：周易.郑州：中州古籍出版社,2014 年版.

19. 李耳原著.文若愚主编.道德经全书.昆明：云南人民出版社,2013 年版.

20. 邓卫主编.清华文苑.北京：清华大学出版社,2011 年版.

21. 任浩之著.读史学做事.西安：陕西师范大学出版社,2004 年版.

22. 王思斌主编.社会工作概论.北京：中国社会出版社,2007 年版.

23. ［美］克里斯托弗、罗伯特等著.郑晓明等译.卓越领导力——理论、应用与技能开发(第 4 版).北京：电子工业出版社,2009 年版.